[日]尾岛好美 著

科学原来可以这样学（下册）

おうちで楽しむ科学実験図鑑

湖南科学技术出版社　博集天卷

前言

请恕我唐突,先问你一个问题:"你喜欢魔术吗?"魔术可以让一个物品突然改变颜色,或者凭空出现新的物品,十分新奇有趣,其实科学实验也可以达到这样的效果。但是,魔术靠的是巧妙的设计,而科学实验中的变化是可以用科学原理加以解释的。

本书将以精美的照片搭配文字说明,为你和孩子介绍在家里就能动手做的趣味科学实验。我们不仅会介绍实验的步骤,还会讲解出现这些现象的科学原理。比如,会自行移动的彩色水(第68页),能浮在水面的玻璃球(第88页),会变成蓝色、粉色的煎饼(第120页),等等。相信很多小朋友看到这些堪比魔术的变化都会大呼:"不可思议!为什么会这样呢?"

看这本书不能只停留在阅读上,一定要亲自动手做一做。虽然看到书上的照片,读者朋友们已经知道了实验的结果,但试想一下,如果能亲眼看到它发生在你面前,是不是更有感觉、更激动呢?

不过,小朋友一定要在大人的监护下做实验。因为有些实验要用到火,有受伤或发生火灾的风险,所以一定要有大人的陪伴,才能更好地享受实验的乐趣。

01

致读者朋友：

　　在新冠病毒的世界性大流行之后，我们逐渐意识到再按以前那样的方式生活已经行不通了。整个世界在短时间内发生了巨变，对未来的预测越来越困难。同时，大家也意识到独立思考的重要性和困难性，而独立思考的能力又是我们在未来世界生存的法宝。

　　可是，该怎样锻炼独立思考的能力呢？我们认为，只有去研究那些教科书上没写的、没有标准答案的问题，才能锻炼人的独立思考能力。但遗憾的是，到目前为止的日本学校教育，主张"老师按照教科书教学生""通过有标准答案的考试来评价学生是否掌握了老师教授的内容"，而几乎从来不会带学生研究"没有标准答案的问题"。

　　亲自动手，并观察眼前发生的现象，产生疑问后，用自己的头脑进行思考。我认为，这样的体验，可以在家庭中由父母带孩子一起完成。这本书收集了很多可以就地取材，在家里便可实践的有趣的科学实验，而且，我认为成年人朋友也会感兴趣的。所以，读了这本书的爸爸妈妈，一定要在家里带孩子动手实践一下，让孩子通过实践来学习、思考，以培养独立思考的能力。

尾岛好美

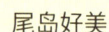

CONTENTS 目录

做实验的注意事项 ⋯⋯⋯⋯⋯⋯⋯⋯⋯⋯ 1
基础的实验工具 ⋯⋯⋯⋯⋯⋯⋯⋯⋯⋯⋯ 2

第1章 可以拍照的实验 ⋯⋯⋯⋯⋯⋯ 3

像不像彩虹？用彩色巧克力豆创作艺术作品 ⋯ 4
很难看见的牛奶皇冠 ⋯⋯⋯⋯⋯⋯⋯⋯⋯ 8
熠熠生辉的裂纹玻璃球是怎么制作出来的？⋯ 12
使用树脂制作可爱的小装饰品 ⋯⋯⋯⋯⋯ 16
在黑暗中闪闪发光的饮料 ⋯⋯⋯⋯⋯⋯⋯ 20
像宝石一样的冰晶糖 ⋯⋯⋯⋯⋯⋯⋯⋯⋯ 24
用尿素结晶制作圣诞树 ⋯⋯⋯⋯⋯⋯⋯⋯ 30
平时彩虹难得一见？自己制造美丽的彩虹 ⋯ 34

第2章 令人目不转睛的运动 ⋯⋯⋯⋯ 39

像熔岩灯？液体不可思议的运动方式 ⋯⋯ 40
像龙卷风一样！用矿泉水瓶制造水龙卷 ⋯ 46
让人大吃一惊的喷发现象！曼妥思喷泉 ⋯ 50
不是夏天也可以看到水中的热浪 ⋯⋯⋯⋯ 54
空气的惊人力量，可以用眼睛看见吗？⋯⋯ 58
可以自己动起来的蜡烛跷跷板 ⋯⋯⋯⋯⋯ 62

01

第3章 妙趣无穷的变化 …… 67

明明什么也没做，却会自行移动的彩色水 …… 68
火焰的颜色可不都是赤红色！
改变火焰颜色的实验 …… 72
160年前曾震惊世人！会飞的火焰 …… 76
那么大的环形山是怎么形成的？ …… 80
蛋壳去哪儿了？鸡蛋吸收了什么？ …… 84
玻璃球明明就在那里，却怎么也看不见 …… 88
只有黑白两色的陀螺，
为什么转起来可以看见彩色？ …… 92
彩色白菜是怎么形成的？ …… 96
瞬间变色！从茶色到蓝色，再到无色 …… 100

第4章 料理也是一门科学 ……………… 103

1分钟速冻！制作口感丝滑的冰激凌　　104
制作清凉爽口的柠檬糖　　110
按照自己喜欢的颜色、形状制作可以吃的宝石　　114
用紫薯粉制作变色煎饼　　120
如何把硬的肉变软？　　124
制作口感奇妙的气泡巧克力　　130
硬布丁和软布丁的区别　　134
探索爆米花的秘密　　138
制作印度奶酪　　142
都说油水不溶，是什么让它们可以友好相处？　　146

希望小朋友记录的项目示例　　150

03

做实验的注意事项

● 请不要让孩子单独做实验。

● 涉及用火和高温操作的时候，有被烫伤和发生火灾的风险，一定要小心。不要在实验场所放置易燃易爆物品，同时准备好灭火设备。在实验过程中，视线不要离开火源。一旦发生火情，请不要慌张，防止火势蔓延的同时立即进行灭火处理。另外，充满粉尘的空间和存放可燃气体的空间，绝对不适合做实验，因为上述两种空间有发生爆炸的风险。如果实验工具沾上垃圾、灰尘或水分，也可能发生意料之外的燃烧，所以要注意实验工具的清洁。用蜡烛的时候，如果烛台上有水，或者试图用水熄灭蜡烛，有可能引发火灾，因此，在熄灭蜡烛的时候应该用嘴吹灭火焰，或者使用专门的工具。

● 有些实验会用到一些平常不会接触到的具有较强刺激性的物质，实验时要小心操作，不要让刺激性物质沾到手、眼、口和衣服上。在使用烹饪工具、餐具时，要注意安全、卫生，做完实验后要把它们清洗干净。

● 因为室内温度、湿度条件不同，再加上使用材料的差异，可能会出现实验失败的情况。这时不要气馁，思考并找到实验失败的原因，也是一种很好的学习方式。

读者使用本书中的信息所产生的结果，作者、编辑部不负任何责任。

基础的实验工具

没有把每项实验所需的工具全部列出，只列出一些基础工具，根据实际需要，可能还会用到其他工具。

电子秤

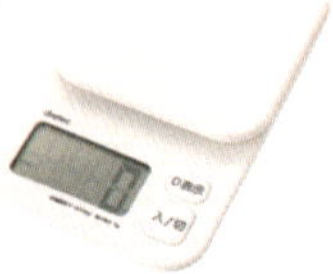

量杯

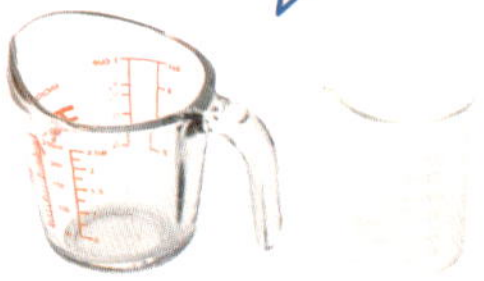

量勺

搅拌棒

尺子

搅拌棒的一头是小勺，可以用于舀取少量材料

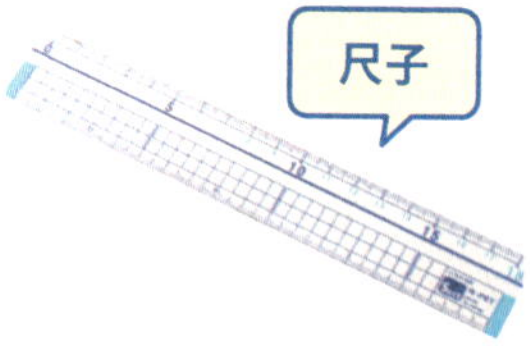

碗、杯子等容器

燃气炉

除了照片中的燃气炉，厨房的燃气灶也可以

计量时用来装材料

水也是做实验不可缺少的原料，
具体操作请参见每项实验的"顺序"部分。

第1章

可以拍照的实验

像不像彩虹？用彩色巧克力豆创作艺术作品

10分钟

我们常见的巧克力都是褐色的，拿在手里用不了多久就开始融化。因为巧克力中含有很多可可脂，可可脂在我们的体温环境下就会融化。

但是，彩色巧克力豆放在手里却不会融化，原因是彩色巧克力豆表面包裹了一层糖衣。糖衣是由砂糖和食用色素制作而成的，在体温环境下不会融化。除了彩色巧克力豆，还有其他很多糖果、药物表面都会包裹糖衣。

下面我们就用彩色巧克力豆来制作美丽的彩虹吧！

可可的种子可以作为药物使用

可可块是制作巧克力的重要原材料，是用可可的种子（可可豆，也叫可可子）制作而成的。可可原产于南美洲，早在公元前，南美洲的居民就发现可可豆具有药用价值，他们会把可可豆捣碎，然后和辣椒、香草等植物一起煮汤喝，来治疗一些疾病。可可豆中富含多酚、矿物质和膳食纤维。巧克力中带有的苦味，来自可可豆中的一种成分——可可碱。可可碱具有扩张血管、改善血液循环的作用。因此，摄入可可碱后，可以提高头脑活力，让人兴奋起来。之所以把可可豆当作药物使用，就是因为它所含的可可碱具有上述功效。

让有糖衣的彩色巧克力豆释放出它们的颜色

需要准备的物品

● 有糖衣的彩色巧克力豆

● 温水

■ 盘子（边缘隆起的）

顺序

1 将彩色巧克力豆整齐地摆放在盘子边缘。

2 向盘子中心注入适量的温水。

3 当温水浸湿巧克力豆时，可以停止倒水，然后静观其变。

解说 颜色为什么会扩散?

当我们把彩色巧克力豆放入嘴里的时候，巧克力豆表面的彩色糖衣会在唾液中溶解。所以，彩色巧克力豆吃多了，我们会发现舌头也会被染上颜色。糖衣不仅能在唾液中溶解，也能在温水中溶解。糖衣中的食用色素在温水中溶解后，就把温水染上了颜色。

可是，为什么颜色会向盘子中央蔓延呢？大家可以找一个杯子，在杯子里面装入水，往水里滴一滴墨水，观察会出现什么现象。滴入水中的墨水会在水中不断向各个方向扩散，直到整个杯子中的水都被染上颜色。当墨水被滴入水中时，墨水滴下的位置水的浓度比较大，但是渐渐地，整体的浓度达到一致，这种现象就叫作扩散。

彩色巧克力豆的糖衣中不仅含有食用色素，还含有砂糖。食用色素和砂糖溶解于水后，就会慢慢向没有颜色的水扩散，即向盘子中间扩散。所以从表面上看，颜色会渐渐从盘子边缘向盘子中央蔓延。

这次我们换种方式，把彩色巧克力豆放在盘子中央，然后再向盘子中注入温水。这时，我们就会发现，颜色会从盘子中央向边缘蔓延。

很多食品公司都推出了自己的彩色巧克力豆产品。不同的品牌在制造糖衣的时候使用了不同的色素，所以不同品牌的彩色巧克力豆在水中释放的颜色也有所不同。有兴趣的朋友可以买来不同品牌的彩色巧克力豆，用它们分别做一下彩虹实验，研究一下不同品牌的彩色巧克力豆在颜色扩散时有什么不同。

在杯子中倒入水，然后滴入红色的食用色素。

红色会慢慢扩散开来。

很难看见的牛奶皇冠

10分钟

第1章 可以拍照的实验

往盘中的牛奶上滴一滴牛奶,就会溅起水花,估计你多半在照片或视频中见过这样的水花。牛奶的水花会呈现一个皇冠(crown)的形状,我们称之为"牛奶皇冠"。

但是,牛奶皇冠转瞬即逝,我们通过自己的眼睛很难看清。以前,如果想用照片记录牛奶皇冠的话,需要特殊的专业摄像机才能拍得下来,所以只有一小部分专业摄像师可以做到。可是现在,我们只要动动脑筋,只用一部智能手机,就可以轻松拍摄到牛奶皇冠。接下来就让我们一起来拍摄这个不可思议的现象吧!

确认智能手机的功能

这次,我们要用到智能手机的录像功能,通过录制慢动作视频来观察事物的变化情况。2013 年 Apple 品牌手机 iPhone 5s 机型首次推出高速摄像功能,备受用户的关注。你智能手机中的相机只要有录制慢动作、超级慢动作、慢镜头等功能,就可以进行高速摄像。另外,如果可以调整手机录像功能中的视频帧率(frame rate),即画面每秒传输的帧数(fps),将其设定为最大数值即可。

*通过这种功能进行的拍摄,以下统一称为录制慢动作。

9

拍摄牛奶皇冠

需要准备的物品

● 牛奶

■ 盘子（边缘隆起的）

■ 滴管

■ 智能手机（或者有高速摄像功能的数码摄像机）

■ 三脚架

顺序

1 向盘子中倒入1厘米深的牛奶。

2 用滴管另外吸取牛奶。

3 将智能手机固定在三脚架上，使用录制慢动作功能开始拍摄。

4 从距盘子40厘米高处用滴管向盘子中央滴1滴牛奶。

10

解说 牛奶皇冠转瞬即逝

在宽阔的牛奶表面上，滴落的牛奶可以激起牛奶水花，因为水花形状像皇冠，所以被称为牛奶皇冠。虽然制造牛奶皇冠的方法很简单，但为何会形成皇冠的形状，其背后的原因尚不明确。液滴下落时的空气密度、液体的黏度、液滴冲击液面的速度、液体的深度等，各种条件复杂、微妙地结合在一起，才有可能形成皇冠形状的水花。

顺便提一个问题，牛奶皇冠是滴落的牛奶形成的，还是盘子里原有的牛奶形成的呢？为了找到答案，我们用食用色素给滴落的牛奶液滴染色，将染色牛奶滴在白色的牛奶上。滴下之后，染色牛奶液滴迅速在白色牛奶中蔓延开来，通过录制慢动作，我们应该可以看到一个镶着红边的白色牛奶皇冠。

另外，牛奶皇冠从形成到消失只有大约30毫秒，1毫秒是1秒的千分之一，也就是说，牛奶皇冠存在的时间只有1秒的百分之三。这么短暂的现象，我们用肉眼是观察不到的。

而智能手机的录制慢动作功能可以帮我们这个忙。例如，Apple品牌手机自iPhone 6以后的机型，录像都可以选择设置视频帧率为240fps。"fps"是frames per second的缩写，也就是1秒所记录的静止画面帧数。

240fps，是指1秒记录240帧静止画面，即大约每4.2毫秒拍摄1张静止照片。因此，存在时间为30毫秒左右的牛奶皇冠能够被拍摄下来。

除了拍摄牛奶皇冠，用智能手机的录制慢动作功能拍摄喷泉、瀑布、飞鸟振翅也很有意思，用来拍摄变化很快的实验，也很方便（第79、82页）。

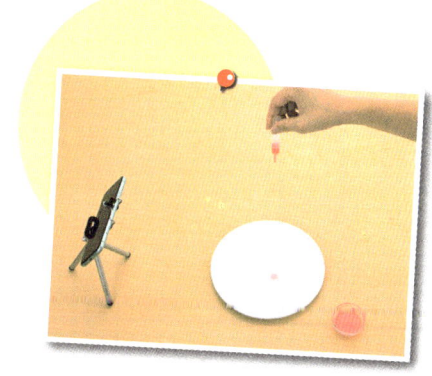

将红色牛奶滴到盘子中的白色牛奶上，我们来观察一下会形成什么样的皇冠。

熠熠生辉的裂纹玻璃球是怎么制作出来的？

60分钟

裂纹玻璃球因为非常漂亮、光彩夺目而受到大家的喜爱，很多室内装饰品和配饰会选用裂纹玻璃球做材料。

我们都知道，玻璃非常脆，当它受到强力撞击时就会碎裂。玻璃球是由玻璃制成的，裂纹玻璃球就是故意在玻璃球内部制造了很多裂纹。可是玻璃球里的这么多裂纹是怎么制造出来的呢？虽然裂纹玻璃球的制造过程要非常小心，但我们自己在家里也可以操作，大家不妨尝试一下吧。

玻璃受欢迎的历史悠久

玻璃窗、玻璃杯、玻璃球……现在我们身边的玻璃制品可谓随处可见，可是在古时候，玻璃其实是一种非常贵重的宝贝。现在，日本的正仓院保存着一个圣武天皇的宝物——白琉璃碗，它就是一个玻璃制的碗，在公元 6 世纪左右，产于萨珊王朝的波斯帝国（现伊朗、伊拉克一带）。这个白琉璃碗的外表有很多整齐的切面，所以在光线照射下，反射出的光芒非常漂亮。虽然现在在伊拉克等地也出土了同时期的玻璃制品，但大多因埋藏于泥土中的时间太久，玻璃发生了变质，看起来就没那么漂亮。而日本保存完好的那个白琉璃碗，却依然能够绽放出 1500 年前的光芒。

给玻璃球制造裂纹

需要准备的物品

■ 耐热容器（有一定深度的蛋糕模具等）

■ 烤箱或烤面包机

■ 冰

■ 碗

■ 隔热手套　■ 竹筷子

■ 10 个玻璃球（单色、透明、内部无气泡）

顺序

 加热后，玻璃球有可能破裂。
操作过程中，在处理玻璃球、器具，以及玻璃碎片时，要小心！

1 将玻璃球放入耐热容器。

2 烤箱或烤面包机的温度设置为 200℃，放入装着玻璃球的耐热容器加热 30 分钟。

3 向碗中加水，再加入冰块，做成冰水。

4 戴上隔热手套拿出加热的容器，将容器中的玻璃球倒入冰水中。静置 5 分钟后，用筷子夹出玻璃球。

第1章　可以拍照的实验

解说 温度差是关键

用光线照射普通的透明玻璃球时，有一部分光被玻璃球表面反射回来，剩余的光则会穿过玻璃球。但当光线照射到裂纹玻璃球上的时候，由于裂纹数量很多，而且方向各异，进入玻璃球内部的光在遇到裂纹时，就会向不同方向反射，所以，从外面看就会觉得裂纹玻璃球光彩熠熠。

在前面制作裂纹玻璃球的实验中，我们为什么要把玻璃球加热后放入冰水中呢？原因是让玻璃球内部和外部产生巨大的温度差。通过烤箱等装置加热玻璃球时，会使玻璃球内外都达到较高的温度，根据热胀冷缩的原理，玻璃球会产生向外膨胀的力。这时，突然将玻璃球放入冰水中，使玻璃球表面温度迅速降低，产生向内收缩的力。内部向外膨胀的同时，外部向内收缩，玻璃球就会龟裂。有时在玻璃杯中突然倒入热水，杯子会碎裂，背后也是这个原理。

制作裂纹玻璃球时，也可以用铁质的平底锅给玻璃球加热，然后再将玻璃球倒入冰水中。但要注意，不能用氟树脂涂层的不粘锅加热玻璃球。因为当不粘锅被加热到260 ℃以上，并持续加热的时候，氟树脂就会分解，并释放有害气体。

因为裂纹玻璃球内部充满裂纹，受到一定力道的撞击便容易破碎，所以，当你想把裂纹玻璃球加工成装饰品的时候，最好使用树脂（第16页）对其进行加固处理。

裂纹玻璃球的形成过程（示意图）

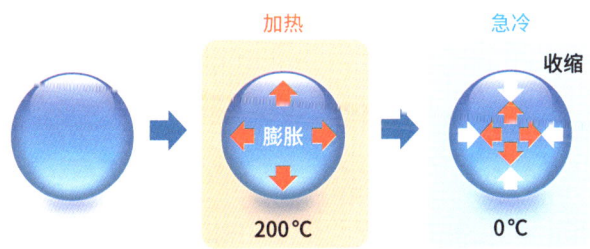

使用树脂制作可爱的小装饰品

60分钟

在百元店可以买到UV树脂，"UV"是指紫外线（ultraviolet）。玳瑁、琥珀等都是天然树脂，但现在一提到树脂，大多指人工制造的合成树脂。

UV树脂在紫外线的照射下，几秒到几分钟就会固化。市面上可以买到各种颜色的UV树脂，还有固化树脂的各种模具，大家可以根据自己的喜好选购，用来制作可爱的树脂装饰品，还可以在树脂中加入小干花、金银丝线等点缀物，效果更好。赶快来制作专属于你的原创装饰品吧！

关于 UV 树脂

UV树脂一般作为黏合剂，广泛应用于电子元件、光学元件等精密元件，以及半导体等各种材料。有些3D打印机也使用UV树脂作为"墨水"，生产了很多模型和定制部件等物品。可以说，现代人的生活中，UV树脂的身影随处可见。

制作树脂装饰品

需要准备的物品

■ 硅胶垫
■ 工作手套（一次性）
■ UV-LED 手电筒
■ 树脂定型模具
● UV 树脂（手工专用）

顺序

⚠ 谨慎操作，防止 UV 树脂沾到手、眼、皮肤、衣服上，室内注意通风换气。
不要用 UV-LED 手电筒直接照射眼睛，会对眼睛造成损伤。

1 戴上工作手套，铺好硅胶垫。

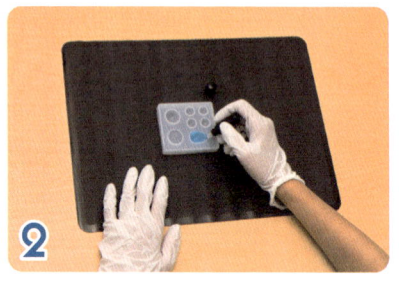

2 把模具放到硅胶垫上，倒入 UV 树脂。

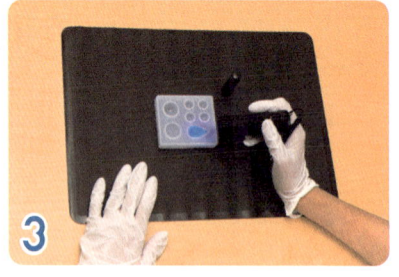

3 用 UV-LED 手电筒照射模具中的 UV 树脂（照射时间请参照 UV 树脂的说明书）。

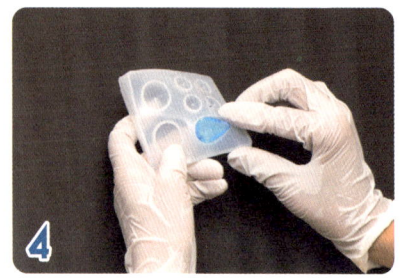

4 静置一段时间，等 UV 树脂冷却固化之后，将其从模具中取出。

解说 UV树脂的真实面目

UV树脂本是液体，但用UV光线照射后，就会固化成固体。因为UV树脂处于液态的时候，分子[①]很小，但在光线的照射下，UV树脂分子相互结合，固化形成大分子。像这样，在光的作用下将液体变成固体的变化，叫作光固化；能发生光固化的树脂，叫作光固化树脂。

光固化树脂的应用范围很广。你补过龋齿吗？如果补过，应该知道牙医会先清除牙齿上坏掉的部分，然后再补上一些东西，接着会用光照射修补的位置，短时间内补的东西就会固化。其实，牙医补牙齿的东西，就是光固化树脂。光固化树脂非常方便，在使用金丝线或水钻装饰指甲的时候，就常用光固化树脂作为固定剂。

不同种类的光固化树脂，在固化时所需的光的波长（第23页）也有所不同。如果你在使用光固化树脂时，不管怎么用光照射，它也不固化的话，那就要确认一下所使用的树脂在什么波长的光照下才能固化。如果你使用的光源无法使光固化树脂固化的话，可以将光固化树脂放在太阳光下试一试，因为太阳光中涵盖了各种波长的光。但是在太阳光下固化树脂，一定要注意周围环境，不要给别人带来危险。

① 分子是构成物质的小粒子，而分子又由更小的原子构成。

UV树脂也可以在太阳光下固化，但要注意摆放的位置，避免发生危险。

用光固化树脂材料制作的指甲油。

在黑暗中闪闪发光的饮料

 10 分钟

你在夏天的夜晚见过萤火虫在空中飞舞时发出的美丽光芒吗？萤火虫之所以可以发光，是因为体内有一种名为荧光素的物质。虽然荧光素我们很难得到，但是只要使用黑光灯，也可以让很多东西在黑暗中发光。

黑光灯听起来挺神秘，其实在百元[*]店就能买到的魔术黑光笔、荧光隐形记号笔等，都是黑光灯的同类产品。用黑光灯照射物体，能意外地发现很多物体都会发光。在普通灯光下的一张普通的白纸，在黑光灯的照射下，可能会呈现出不同的颜色。下面我们就来研究一下什么东西会发光，以及它们为什么会发光。

* 此处指 100 日元。本书中涉及的货币均为日元。——编者

会发光的生物

萤火虫为什么要发光呢？昆虫学家给出的答案是：发光是萤火虫和同伴进行沟通的手段。雌性萤火虫和雄性萤火虫发光间隔的时间不同，不同种类的萤火虫发光间隔的时间也不同。

顺便介绍一下，在澳大利亚和新西兰也有一种会发光的奇特昆虫，它们是蕈蚊的幼虫，它们发光是为了捕食，因为荧光可以吸引一些飞虫前来。另外，在日本海沿岸各地常能见到一种名为海萤的发光生物，但它们并不是昆虫，而是和虾、蟹一样，属于甲壳类动物。

萤火虫、蕈蚊幼虫、海萤虽然是不同的生物，但它们发光的原理是相同的，因为它们体内都有荧光素。

让饮料发光

需要准备的物品

● 含维生素 B_2 的营养饮料

■ 2个透明玻璃杯

■ 黑光灯

顺序

 黑光灯直接照射眼睛可能会对眼睛造成损伤，使用时一定要小心。

1. 将含维生素 B_2 的营养饮料倒入一个透明玻璃杯中。

2. 另一个透明玻璃杯中倒入清水。

3. 关闭房间的灯，让房间暗下来，用黑光灯照射玻璃杯。

22

解说 为什么会看见荧光？

两个透明玻璃杯中的液体被黑光灯照射之后，含维生素 B_2 的液体发出黄绿色的光，而清水则没有发光，发光的关键就是液体中是否含有维生素 B_2。

我们肉眼可以看见的光，即可见光，其波长范围在 400～780 纳米，1 纳米等于 1 米的十亿分之一。波长为 400～450 纳米的光，在我们眼中看到的是紫色的；波长为 625～780 纳米的光，在我们眼中看到的是红色的。

比紫色光波长更短（100～400 纳米）的光，被称为紫外线，我们肉眼是看不见紫外线的。紫外线又可分成波长为 100～280 纳米的 UV-C、波长为 280～315 纳米的 UV-B 和波长为 315～400 纳米的 UV-A。紫外线的波长越短，能量越强，对人体越有害。太阳光中包含以上三种紫外线，但是 UV-C 被臭氧层吸收了，不会到达地面；UV-B 的一部分能到达地面，长期照射会导致人体晒伤，甚至诱发皮肤癌；UV-A 的穿透性较强，可以穿透我们的皮肤，是皱纹形成的原因之一。

黑光灯可以发出波长为 315～375 纳米的紫外线。维生素 B_2 在黑光灯照射下会发光，是因为人眼看不见的 UV-A 被维生素 B_2 吸收后，能量减弱了，变成了人眼可见的可见光。

在黑光灯照射下可以发光的物质有很多。你可以试着用黑光灯照射含有红花色素的菠萝糖、熟透的香蕉等，看看会发生什么。另外，用黑光灯照射钞票、快递的外包装试试，说不定也能发现会发光的地方。

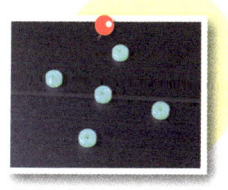

黑光灯照射下的菠萝糖

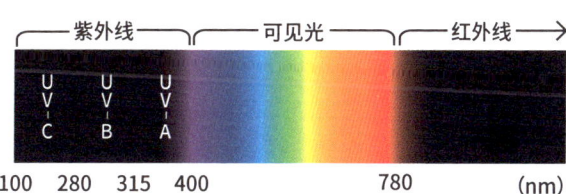

各种各样的光与波长(示意图)

像宝石一样的冰晶糖

2周

想必大家都吃过冰晶糖,那闪闪发光的样子,漂亮得像宝石。实际上,冰晶糖只是砂糖的结晶,可为什么会那么闪亮呢?原因是它可以反射光线。冰晶糖是由很多个透明的砂糖结晶粘在一起形成的。当光照射冰晶糖的时候,一部分光会被砂糖结晶光洁的表面反射,还有一部分光会进入砂糖结晶内部,在内部发生折射,再进行反射。这些光线进入我们的眼睛,我们就会感觉冰晶糖闪闪发亮。

钻石、红宝石等宝石,也会对进入内部的光线进行反射,因此看起来也光彩熠熠。我们制作冰晶糖的时候,等待砂糖结晶需要一定的时间,因此这个实验大家可以放在假期时间充裕的时候再做。

我们身边的砂糖结晶

利用砂糖结晶制成的甜食,除了冰晶糖,还有金平糖(因外形像小星星,也叫星星糖)。制作金平糖的时候,需要一口不停旋转的大锅,向其中倒入融化的糖浆,再加入粗粒的砂糖作为"核";让锅一边加热,一边旋转,使糖浆结晶;然后再次倒入糖浆,反复加热、旋转。整个过程需要 2 周左右的时间,直到结晶的糖粒变大。

在旋转过程中结晶的金平糖,表面会形成刺状突起,就像小星星一样。而静置结晶的冰晶糖,表面就不会有刺状突起。这也是两者有趣的差别。

 制作冰晶糖

需要准备的物品

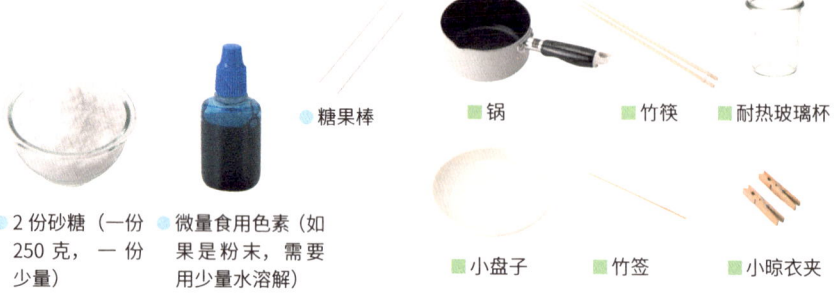

- 2 份砂糖（一份 250 克，一份少量）
- 微量食用色素（如果是粉末，需要用少量水溶解）
- 糖果棒
- 锅
- 竹筷
- 耐热玻璃杯
- 小盘子
- 竹签
- 小晾衣夹

顺序

 用火时要注意安全，防止被烧伤或烫伤。

1 将 250 克砂糖倒入锅中，加入 100 毫升水。

2 用中火加热，同时用竹筷搅拌均匀，等砂糖全部溶化就可以关火（不要将糖水煮沸）。

3 将糖水倒入耐热玻璃杯中，再加入微量食用色素。

4 用竹签搅拌糖水，使其与食用色素混合均匀。静置，等糖水温度降至室温。

第1章 可以拍照的实验

5
在小盘子中放入少量砂糖。将糖果棒的前端浸入步骤 4 的糖水中,再取出。

6
在步骤 5 中的糖果棒的前段,撒上小盘子中的砂糖。

7
静置糖果棒,等小棒上的砂糖变干(如果砂糖融化,重新撒上砂糖)。

8
将步骤 7 中撒有砂糖的糖果棒浸入步骤 4 的糖水中。不要让糖果棒触碰到玻璃杯底,用小晾衣夹固定住糖果棒。

9
静置 1~2 周。

10
取出糖果棒,静置,等其自然晾干。

*如果要制作不同颜色的冰晶糖,可以在步骤 3 准备多个玻璃杯,并加入不同颜色的食用色素,制作不同颜色的糖水。

解说 为什么会结晶？

水可以溶解大量的砂糖，而且，水的温度越高，溶解的砂糖越多。100毫升温度为20℃的水，可以溶解203.9克砂糖；100毫升温度为60℃的水，可以溶解287.3克砂糖；当水的温度升高到100℃时，100毫升水可以溶解485.2克砂糖。

当热砂糖水放置一段时间后，温度会逐渐降低，这时，水能溶解的砂糖量就会减少，溶解不了的砂糖就会以结晶的形式变成固体析出。之后，随着水分的蒸发，砂糖结晶的数量会进一步增加。也就是说，时间过得越久，冰晶糖就越大。

砂糖在结晶的时候，中间需要有一个"核"。所以，在制作冰晶糖的时候，我们要先用糖果棒前端蘸一点砂糖。

冰晶糖做好后，如果我们近距离观察它的话，会发现砂糖的结晶呈一个一个的透明小颗粒状。实际上，即使是整体看起来呈现白色的砂糖，如果用放大镜观察，我们也会发现，每一粒砂糖基本上也是透明的。一堆砂糖之所以会呈现白色，是因为小颗粒太多，聚集在一起看起来就不透明了。

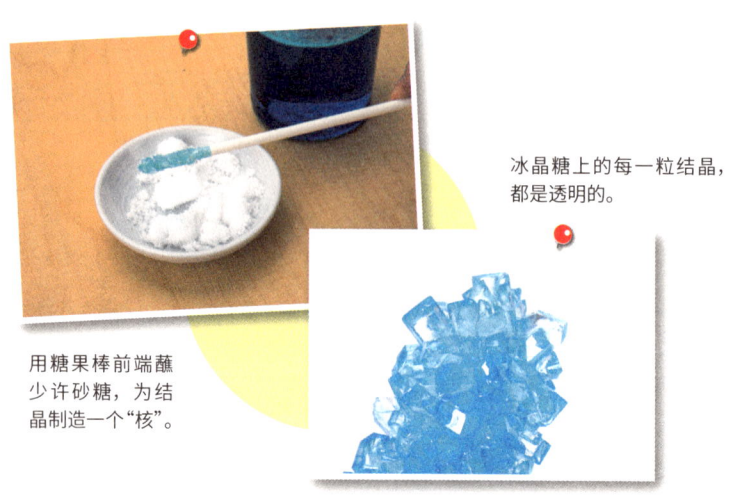

冰晶糖上的每一粒结晶，都是透明的。

用糖果棒前端蘸少许砂糖，为结晶制造一个"核"。

应用 制作明矾结晶

1小时

在我们日常生活常见的物质中，除了砂糖可以结晶，腌茄子时会用到的明矾，和下一页将要介绍的尿素都可以结晶。不管是明矾还是尿素，在水中的溶解量都会随着温度的变化而变化，而且，减少水的比例后，无法溶解的明矾或尿素就会以结晶的形式析出。砂糖、明矾、尿素的结晶原理相似，但三者的结晶形状各不相同。砂糖的结晶形状是小正方体；明矾结晶需要较长时间，结晶形状是大的正八面体。这次我们做一个简单的实验，短时间内让大家看一下明矾的小结晶，闪闪发光，很漂亮。

需要准备的物品

- 25 克烧明矾
- 200 毫升热水（60～70℃）
- 小盘子
- 耐热玻璃杯
- 竹筷

顺序

1 取出少量烧明矾（1 小咖啡杯左右），放入小盘子中。

药店或超市都可以买到烧明矾。

2 将热水倒入耐热玻璃杯中。

3 将步骤 1 剩余的烧明矾倒入盛有热水的玻璃杯中，并进行搅拌，让烧明矾充分溶解。

4 静置，等水温降低到室温。

步骤 5 完成后，就可以看到无法溶解的烧明矾会以小结晶的形式析出。

5 将步骤 1 中的烧明矾倒入玻璃杯中。

用尿素结晶制作圣诞树

半天

结晶是物质的原子或分子等按一定空间规则排列，形成的具有规则外形的固体。砂糖结晶要想形成冰晶糖（第24页）那样的结晶，需要好多天的时间，但有些物质可以在几个小时内就形成结晶。

举例来说，尿素就可以在短时间内形成结晶。我们可以在药店买到尿素，下面我就教大家做一个尿素结晶的实验。看着尿素的针状结晶不断增多，这个过程是非常有趣的。大家一定要做一下这个实验，收获的结晶肯定比你想象的还要多。

但是，如果在湿度较高的环境中，这个实验失败的概率比较大。所以，如果你是在温度、湿度都比较高的夏天做这个实验，请先用空调把房间内的温度、湿度降下来。

让尿素结晶

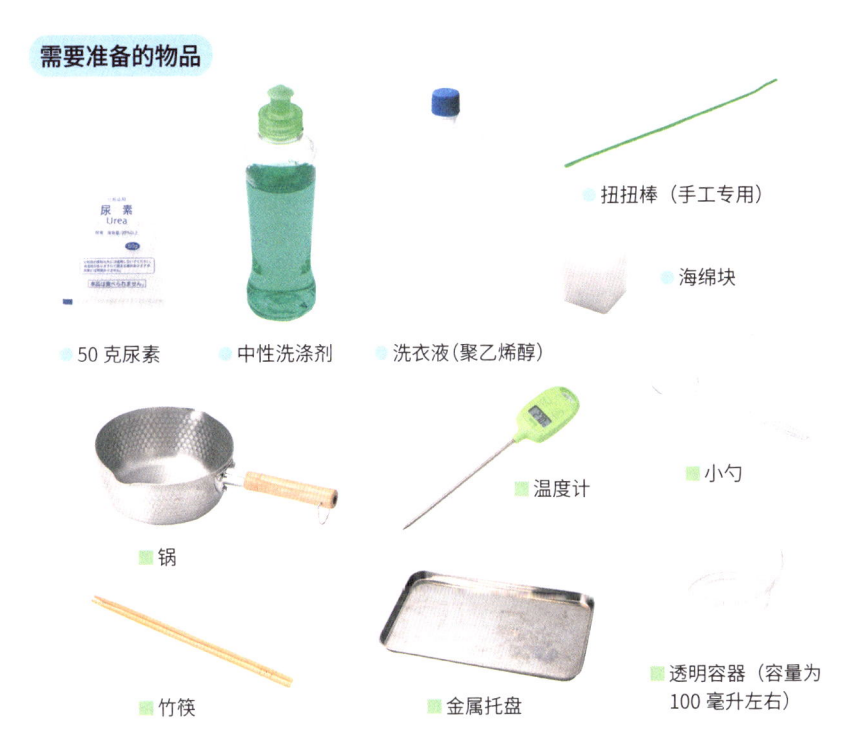

需要准备的物品

- 50 克尿素
- 中性洗涤剂
- 洗衣液（聚乙烯醇）
- 扭扭棒（手工专用）
- 海绵块
- 锅
- 温度计
- 小勺
- 竹筷
- 金属托盘
- 透明容器（容量为100毫升左右）

顺序　⚠ 用火时要注意安全！

1. 向锅中加入 40 毫升的水（条件允许的话最好用温水），用温度计测量水温。向水中加入尿素，再次测量水温。

2. 用小火加热锅中的水和尿素，再向其中加入 1 滴中性洗涤剂。

3. 向锅中加入 1 小勺洗衣液。

4. 用竹筷搅拌，当尿素溶解后关火。静置，等待冷却。

5. 将扭扭棒折成圣诞树的形状，插到海绵块上。

6. 将插有扭扭棒的海绵块放到透明容器中，再将透明容器放到金属托盘上。然后将冷却的尿素溶液倒入透明容器中，静置观察。

解说 不同形式的尿素

尿素，顾名思义，存在于尿液中，但你可能不知道，我们的皮肤中也含有尿素。尿素具有锁住水分的作用。市面上销售的一些护手霜就含有尿素成分，因为尿素不仅亲肤，还能保湿。

做过前面实验的朋友可能已经发现了，温水中加入尿素之后，温度会降低。因为尿素在溶于水的过程中，会从水中吸收热量（吸热反应）。有些"瞬间冷却材料"摸上去感觉很凉，其实就是利用了尿素和水发生的吸热反应。

将扭扭棒折成的圣诞树浸入尿素溶液后，尿素溶液会沿着扭扭棒向圣诞树上"爬"去，在这个过程中，我们就可以看到扭扭棒上开始出现白色结晶了。因为尿素溶液爬到扭扭棒上后，溶液中的水分开始蒸发，水分减少后，无法溶解的尿素就会析出，形成结晶。

这个实验有一个好处，我们可以改变实验中的若干条件，从而得到多个实验结果，是一项非常方便自由研究的项目。例如，用不同温度的水做实验，我们可以观察尿素溶解的不同状态；尝试比较一下加或不加洗衣液，实验结果有什么不同，或者加入不同剂量的洗衣液，实验结果又有什么不同。另外，如果不用扭扭棒，改用厚纸板或毛毡也可以做这个实验。只要是能吸水的物品，就可以用来做尿素结晶实验，大家不妨多找几种材料分别尝试一下，说不定会得到意想不到的结果呢。

含有尿素成分的瞬间冷却材料。

海绵吸入尿素溶液后，树上就积满了尿素结晶。

彩虹平时难得一见？
自己制造美丽的彩虹

20分钟

雨后的天空中，偶尔会出现一道又大又美丽的彩虹。很多小朋友都会觉得不可思议，因为空中原本什么都没有，为什么会凭空出现一道彩虹呢？

在艳阳高照的晴天，我们是看不见彩虹的。只有在早晨、傍晚，或太阳处于较低位置的时候，才能看见彩虹。在这些时间段，如果刚好下雨，雨停后又出了太阳，那大概率能见到彩虹。

实际上，彩虹不是凭空出现的，只有空中存在大量水滴的时候，才有可能出现彩虹。彩虹是太阳光通过水滴的一系列折射和反射形成的，直接观察太阳光，太阳光并不会呈现彩色，为什么经过水滴的折射和反射，就能呈现出多彩的状态呢？在晴天的早晨或傍晚，我们自己也可以制造出彩虹。

制造彩虹

需要准备的物品

■ 喷雾器

顺序

⚠ 在夏天的中午做这个实验不容易成功。
最好在太阳位置较低的时候（早晨或傍晚）做实验。

1 喷雾器中加入清水。

2 背对太阳站立，用喷雾器向前方喷水。

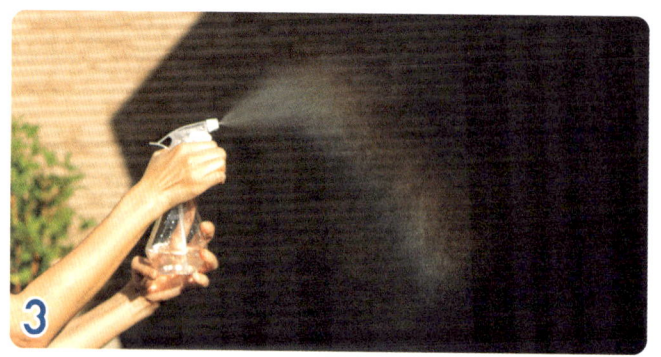

3 如果看不清彩虹的话，可以向阴影处喷水试试。

解说 彩虹是如何形成的？

我们之所以能看到美丽的彩虹，是因为太阳光经过天空中水滴的折射和反射，分散成不同颜色的光进入我们的眼睛。当太阳位置很高的时候，经水滴折射、反射的太阳光没法进入我们的眼睛，所以我们看不见彩虹。早晨或傍晚，太阳位置较低，太阳光斜着照射的时候，我们更容易看见彩虹。

其实太阳光中混合了各种颜色的光。在空气中，太阳光是直线传播的，但是当光线进入水滴后，传播方向就会发生改变。而且，水滴中不同颜色的光改变的角度不同，紫色光改变的角度较大，红色光改变的角度较小。因此，彩虹最上方是红色，最下方是紫色。

彩虹中的各种颜色之间，是一个连续变化的过程，不存在明显的界线。因此，不同的时间、不同的地区，彩虹颜色的数量也是不同的。

比如，在日本，人们认为彩虹分为红、橙、黄、绿、青、蓝、紫七色；而在美国，人们认为彩虹只有六种颜色，没有蓝色；在非洲，人们则认为彩虹只分为暖色和冷色两种颜色。但是，不管在世界的哪一个角落，光线传播方向改变的角度是一样的。所以，地球上任何地方看到的彩虹，都是红色（暖色）在上，紫色（冷色）在下。

大家都以为只有在雨后才能见到彩虹。其实，在晴天的早晨或傍晚，有一个地方总能看见彩虹，那就是大瀑布的旁边。直泻而下的瀑布周边会有很多小水滴飘在空中，对光线进行折射和反射，因此可以看到彩虹。据说夏威夷的天空中也经常可以看到彩虹。因为夏威夷下雨后，马上出现太阳的概率很高。来自海上带着湿空气的风，遇到岛上的山脉时，就会下雨，雨停之后多半会出太阳，因此出现彩虹的概率也比较高。

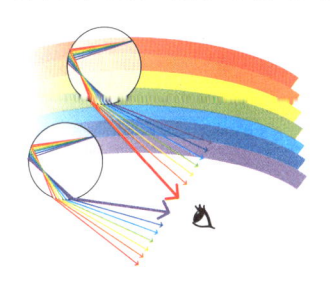

眼睛看见彩虹的原理（示意图）

包括太阳光在内，穿过空气的所有光线，当遇到空气中的水滴时，传播方向就会发生改变。不同颜色的光，改变的角度不同。位于上方的水滴，折射出的红色光线容易被我们看见；位于下方的水滴，折射出的紫色光线容易被我们看见。

应用

用CD或DVD光盘制造彩虹

5分钟

把房间的光线调暗，用手电筒照射 CD 或 DVD 光盘光亮的一面，看看会出现什么现象？光盘表面的颜色会发生变化，反射的光也会照在墙壁上，是不是能看见彩虹？

在光盘表面，刻有很多极其纤细的凹痕。CD 光盘表面 1 毫米内刻有 625 条凹痕，而 DVD 光盘表面 1 毫米内就刻有 1350 条凹痕。凹痕与凹痕之间的部分，即没有被刻蚀的地方就会反光，但不同颜色的光反射角度不同，因此看起来各种颜色就被分散开了，像彩虹一样。

需要准备的物品

- CD 或 DVD 光盘
- 手电筒

顺序

1 夜晚，关闭房间的灯光。

2 用手电筒照射 CD 或 DVD 光盘。

如果用手电筒从正面照射光盘的话，光盘表面就会呈现彩虹状的颜色。

用手电筒倾斜照射光盘，反射到墙壁的光就会呈现彩虹状的颜色。

第 2 章

令人目不转睛的运动

像熔岩灯？
液体不可思议的运动方式

20分钟

我们身边几乎所有的物体，都会从上往下掉落。举例来说，你拿着这本书正在读，如果你松开手的话，书就会掉落在地板上，不会从下往上升。所以，如果我们见到了从下往上升的物体，就会感到非常不可思议。

但是我们接下来要做的实验将让你大开眼界。处于下方的液体会往上升，升上去之后还会往下落。实验中的两种液体和浮在液体中的泡泡到底是什么呢？就让我们来一探究竟吧。

诞生于英国的熔岩灯

熔岩灯是一种家用照明灯具，将液体倒入一个有灯泡的透明容器中，照明的同时，容器中的液体还会发生不可思议的运动。熔岩灯是20世纪60年代英国人发明的，在欧美非常流行，日本的家居用品店内也可以买到熔岩灯。熔岩灯的英文名字是Lava lamp，其中lava是熔岩的意思，因为容器中的液体会像熔岩那样缓慢地流动，故此得名"熔岩灯"。

实际上，在透明容器中加入的是带有颜色的水溶液和蜡。因为蜡是油性的，不会和水溶液融在一起。点亮灯之后，灯泡的温度使蜡升温，液体就会像熔岩一样缓慢流动起来。

第2章 令人目不转睛的运动

41

观察上浮的液体

需要准备的物品

- 微量食用色素
- 75 毫升婴儿润肤油（或者色拉油等）
- 1/2 小勺柠檬酸
- 1/2 小勺小苏打
- 托盘
- 玻璃容器（容量为 200 毫升左右）
- 勺子

顺序

⚠ 注意不要用手直接触碰柠檬酸。

1 把玻璃容器放在托盘中央，向容器中注入 75 毫升水，再加入微量食用色素，搅拌均匀。

2 向玻璃容器中加入柠檬酸（不用搅拌也可以）。

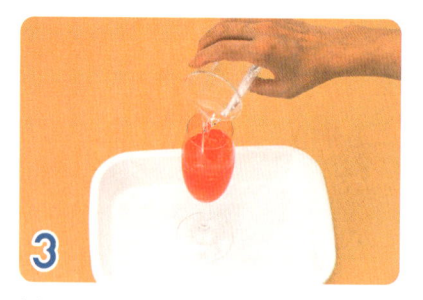

3 慢慢地向玻璃容器中注入婴儿润肤油。

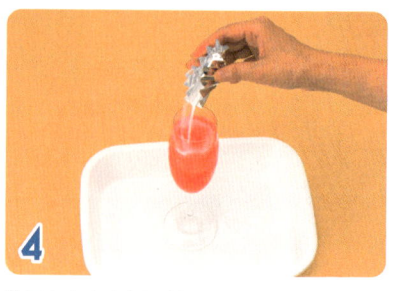

4 接下来向玻璃容器中加入小苏打。

42

解说 上升与下沉的原理

水是由水分子构成的,水分子之间存在很强的作用力将它们凝聚在一起。而油的构成形式与水存在很大差别,所以不会与水混合。要想做到"尽量与相同的物质融合,排斥不同的物质",以"球"的形式存在是最好的选择。

将油和水混在一起的话,因为水的密度大于油,所以混合液体会自动分为两层,上层是油,下层是水。在混合液体中加入小苏打后,因为小苏打不溶于油,所以它会慢慢下沉。当小苏打进入水中时,会与水中的柠檬酸发生化学反应,产生泡泡。泡泡中是被水包裹的一团气体,这团气体比水轻,也比油轻,所以泡泡会上升。当气泡穿过油层到达液体表面时,就会破裂,这时原本包裹气泡的水又开始下沉。

那么,小苏打和柠檬酸发生化学反应所产生的气泡到底是什么物质呢?小苏打呈碱性,柠檬酸呈酸性,当碱性的小苏打遇到酸性物质时,会产生二氧化碳。醋和柠檬汁也是酸性的,有兴趣的朋友可以尝试让小苏打和醋或柠檬汁发生反应,也会产生二氧化碳。

小苏打的学名是碳酸氢钠。大家可以找出泡澡时用的泡沫浴盐,看看包装袋上标注的成分,一般就会发现碳酸氢钠。当碳酸氢钠、碳酸钠等碱性物质遇到富马酸一钠等酸性物质时,就会发生反应,产生二氧化碳,形成气泡。

而且,当发生上述化学反应的时候,周围的热量会被吸收。大家可以尝试把泡沫浴盐放在手里,手上会感觉比较凉。把泡沫浴盐倒入浴缸的水中,不会感觉有明显的降温,是因为浴缸中的热水很多,但当倒入大量泡沫浴盐,并产生大量气泡的时候,浴缸里的水温还是会稍微下降的。

含有碳酸氢钠的泡沫浴盐。

成分: 碳酸氢钠＊、碳酸钠＊、富马酸、PEG6000、葡萄糖、氨基己酸……硅酸钙、香料、黄4
＊为有效成分

应用　用化学的力量制造气泡

⏱ 10分钟

接下来我们再做一个实验，来观察一下小苏打和柠檬酸发生反应产生二氧化碳的现象。但是，二氧化碳是无法用肉眼看到的，所以我们要制造出气泡，看到气泡，就知道产生了二氧化碳。

先把少许牙膏溶解在水中，然后向牙膏溶液中加入小苏打、柠檬酸，就会产生大量气泡。这是因为小苏打和柠檬酸发生了反应，产生了二氧化碳。当溶液停止产生气泡之后，你可以试着用手触摸瓶子，能感觉到瓶子的温度是比较低的。

需要准备的物品

- 微量食用色素
- 一段长5毫米左右的牙膏
- 1/2 小勺小苏打
- 1/2 小勺柠檬酸
- 小瓶子（容量为35毫升）
- 一次性筷子
- 金属托盘等

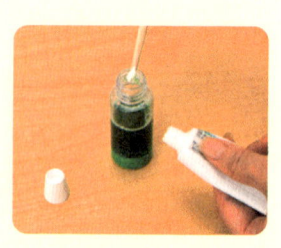

用一次性筷子将牙膏放入小瓶子中，搅拌均匀。

顺序

⚠ 注意不要用手直接触碰柠檬酸。

1 向小瓶子中加入半瓶水和食用色素，混合均匀；再用一次性筷子将牙膏放入瓶中，搅拌均匀。

2 向小瓶子中加入小苏打。

3 将小瓶子置于金属托盘中央，再向瓶中加入柠檬酸。

小苏打和柠檬酸发生反应产生二氧化碳，不断有气泡从瓶口涌出。

第2章 令人目不转睛的运动

应用 用化学的力量吹气球

⏱ **10分钟**

小苏打和柠檬酸发生反应产生的二氧化碳还可以用来吹气球。大家一起来试试吧。

需要准备的物品

- 2大勺小苏打
- 2大勺柠檬酸
- 1个气球
- 调味料瓶（装蜂蜜或酱料的瓶子，细口）
- 矿泉水瓶（容量为500毫升）

顺序

⚠ 注意不要用手直接触碰柠檬酸。

1 将小苏打装入调味料瓶。

2 将调味料瓶的细口插入气球的开口处，把小苏打注入气球。

3 向矿泉水瓶中加入柠檬酸和100毫升水。

4 将气球的开口完全套在矿泉水瓶口上。

5 摇动气球，将气球中的小苏打倒入矿泉水瓶。

将调味料瓶的细口拧下，向瓶中倒入小苏打后再拧上细口。将调味料瓶的细口插入气球的开口处，把小苏打注入气球。

将气球的开口完全套在矿泉水瓶口上。将气球竖起来并摇动气球，让气球中的小苏打进入矿泉水瓶。

气球中的小苏打进入矿泉水瓶后，与其中的柠檬酸发生反应产生二氧化碳，使气球膨胀起来。

45

像龙卷风一样！
用矿泉水瓶制造水龙卷

⏰ 30分钟

在积雨云的下方出现的漏斗形急速旋转的空气旋涡，被称为龙卷风。当高空的冷空气下降，致使空中和地面温差很大的时候，就容易形成龙卷风。美国平均每年会出现大约1000个龙卷风，对人们的生命财产安全造成很大的威胁。日本发生龙卷风的概率虽然没有美国大，但偶尔也会发生，尤其在9月最可能出现，请大家多多注意。

龙卷风的英语是tornado。今天我们尝试用矿泉水瓶制造"水龙卷"，虽然水龙卷不同于龙卷风，但它们在外观上很相似。

龙卷风的风速用什么表示？

龙卷风的风速用等级来表示，分为F0~F5，一共6个等级。F0的风速为17~32米/秒，可以折断小树枝；F3的风速为70~93米/秒，可以吹坏房屋，甚至能把小汽车掀上天；最高等级F5的风速为117~142米/秒，可以把整座房屋吹得支离破碎，还可以把火车吹到空中。[1] 到目前为止，日本只观测到F3等级的龙卷风，而美国则多次发生F5等级的龙卷风，造成了很大的危害。

[1] 数据来自藤田级数（Fujita scale），经过更新修订，自2007年，多个国家或地区开始启用改良藤田级数（Enhanced Fujita scale）。2021年中国气象局公布的《龙卷风强度等级》将龙卷风强度重新划分成4个等级：弱等级的阵风风速小于等于38米/秒，中等级的阵风风速为39~49米/秒，强等级的阵风风速为50~74米/秒，超强等级的阵风风速大于74米/秒。——编者

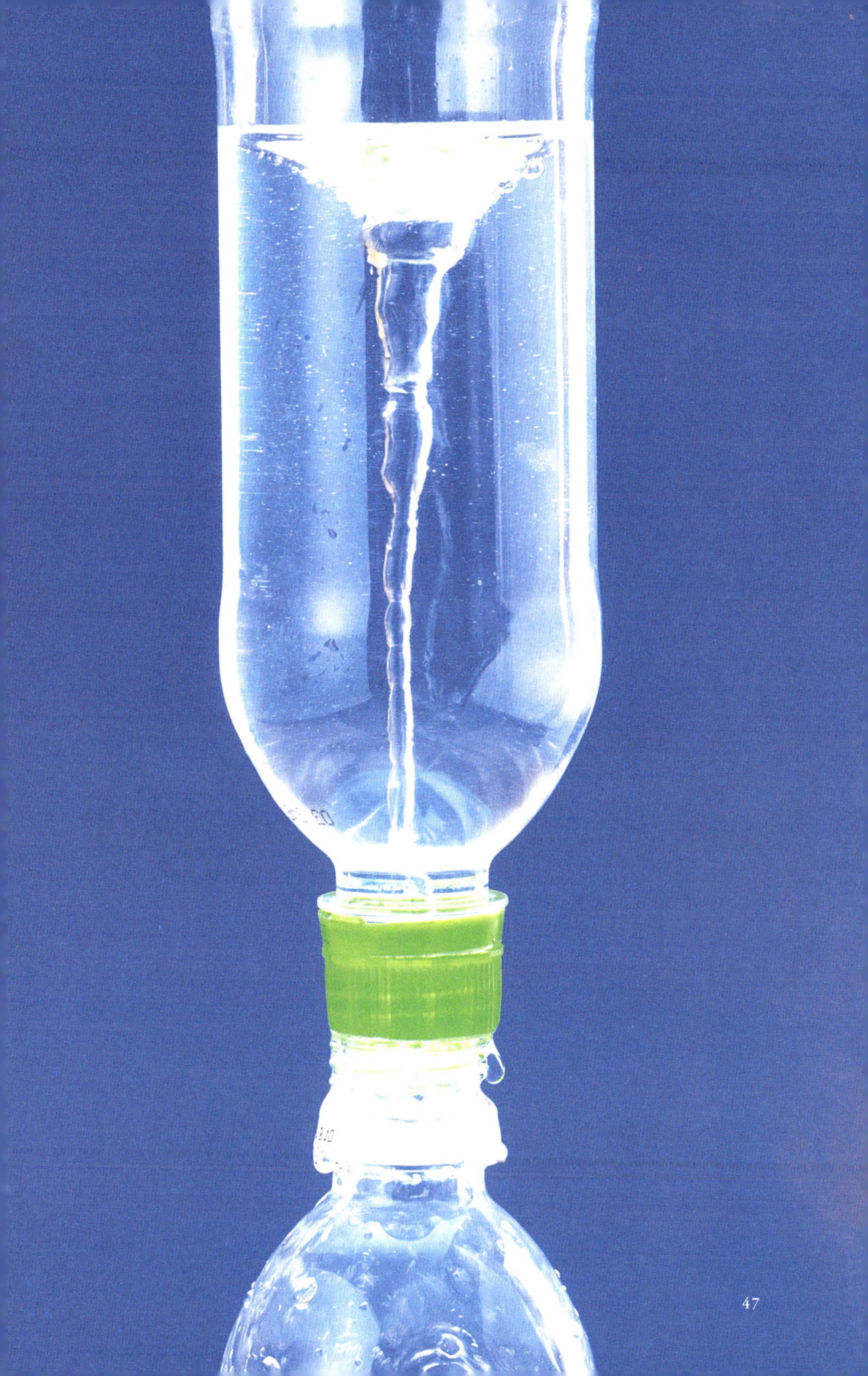

用矿泉水瓶制造水龙卷

需要准备的物品

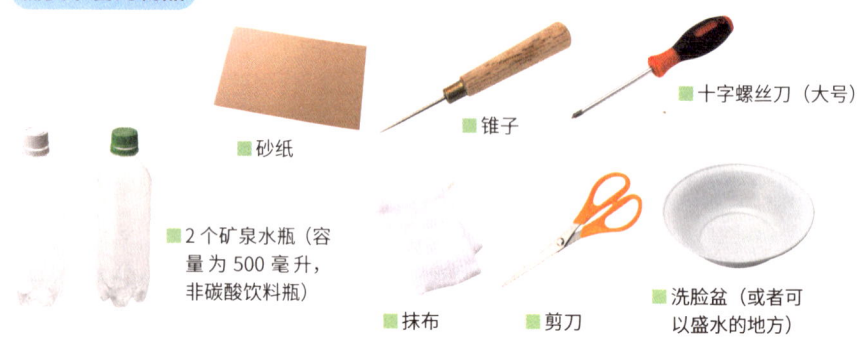

- 砂纸
- 锥子
- 十字螺丝刀（大号）
- 2个矿泉水瓶（容量为500毫升，非碳酸饮料瓶）
- 抹布
- 剪刀
- 洗脸盆（或者可以盛水的地方）

顺序

⚠ 使用尖锐、带刃的工具时要注意安全。

1 取下一个矿泉水瓶的瓶盖，将盖子上有字的一面在砂纸上摩擦，将其磨薄，直至将字磨掉（另一个瓶盖不用）。

2 将抹布对折两次，把磨好的瓶盖放在抹布上，用锥子在瓶盖中央钻一个孔。

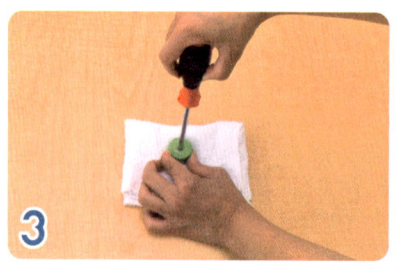

3 用十字螺丝刀将瓶盖上的孔扩大到直径8毫米左右（也可用尖头剪刀将孔剪开）。

4 向矿泉水瓶中注入约400毫升的清水，拧上带孔的瓶盖。

将另一个空矿泉水瓶立在盆子里,再将装水的矿泉水瓶瓶口对准空矿泉水瓶瓶口,倒放在上面。

一只手扶住两个矿泉水瓶的交接处,另一只手旋转摇动上方的矿泉水瓶,待水瓶中出现旋涡就可以停止摇动。

解说 矿泉水瓶中发生了什么?

将装水的矿泉水瓶倒放在空矿泉水瓶上,上方瓶中的水会通过瓶盖上的孔少量地滴入下方空瓶,但旋转摇动上方水瓶,形成旋涡(水龙卷)之后,水就会大量、快速地流入下方空瓶。

如果只将装水的矿泉水瓶倒立静置放在空矿泉水瓶上,由于上方的水和下方的空气不容易进行交换,所以只有少量水滴下来。

旋转摇动上方水瓶之后,在上下矿泉水瓶之间建立了一个空气流通的通道。下面瓶子中的空气可以向上移动,上方的水也就能快速地流下来。

龙卷风中的上升气流可以将房子、汽车"吸"到空中。在我们的实验中,和实际的龙卷风一样,下方瓶中的空气会往上升,而且,上方瓶中的水龙卷形状也和龙卷风很像。

在日本,比龙卷风更严重的灾害是台风,台风每年都会发生,造成的损失很大。温暖的海面上大量的水蒸气上升到空中形成云,云在旋转的同时云的直径和风速都逐渐变大。当风速超过 17.2 米/秒时,就称为台风;当风速小于 17.2 米/秒时,称为热带低压。

不管是台风还是龙卷风,都是地面的暖湿空气和上空的冷空气相遇造成的,只是它们的规模大小不同。龙卷风的直径从数十米到数百米不等,而台风的直径在 500 千米以上。

让人大吃一惊的喷发现象！曼妥思喷泉

10 分钟

将曼妥思（Mentos）糖放入碳酸饮料中，会瞬间产生大量气泡从饮料瓶中喷出，就像一座喷泉。现在视频网站上有很多博主通过做这个实验，吸引了大量网友观看。曼妥思是一家荷兰公司研发出的薄荷糖，现在畅销世界各地。曼妥思喷泉的英文是 Mentos Geyser，其中 Geyser 是间歇泉的意思。至于什么是间歇泉，下面为你详细介绍。

在碳酸饮料中放入曼妥思糖后，之所以会涌出大量气泡，是因为碳酸饮料中含有大量碳酸气体（二氧化碳）。曼妥思喷泉实验让我们直观地感受到了碳酸饮料中二氧化碳的含量远远超出了我们的想象。

什么是间歇泉？

间歇泉（Geyser）是指间隔一定时间喷出热水的间歇性喷泉。例如美国黄石国家公园中的老忠实间歇泉每隔 90 分钟喷发一次，喷出的热水高度可达 30～50 米。

黄石国家公园位于北美大陆最大的火山带上，据说在其地下数十千米处就有大量岩浆蓄积，形成炙热的岩浆块。地下水被地热加热之后，化成水汽逐渐上升，喷出地面，就出现了间歇泉的现象。

第2章 令人目不转睛的运动

再现曼妥思喷泉

需要准备的物品

- 10 粒曼妥思
- 可乐（2 升装零度可口可乐或者健怡可口可乐）
- 胶带

顺序

⚠ 因为可乐会喷发溢出，请选择合适的实验场所。实验结束后请把现场清理干净。

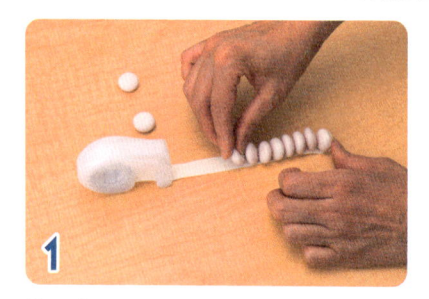

1 将 10 粒曼妥思依次粘在胶带上。

2 尽量将所有曼妥思按一条直线粘在胶带上，以便能一次性将所有曼妥思都放入可乐中。

3 打开可乐瓶的盖子，将粘好的曼妥思全部放入可乐瓶中。

4 向后退出一定距离，注意观察可乐的变化。

解说 为什么可乐会喷出来？

把曼妥思放入可乐瓶后，就可以看到可乐喷出的"奇观"。这是因为可乐中溶解的二氧化碳受到曼妥思的刺激后喷发出来的结果。可能你想象不到，2升的可乐中，能溶解8升的二氧化碳。

如果我们把可乐倒进玻璃杯里，就能看到玻璃杯的内壁上布满了气泡。这是因为溶解在可乐中的二氧化碳在玻璃杯凹凸不平的内壁的刺激下释放出来了。而曼妥思表面也是凹凸不平的，在这些凹凸不平的结构的刺激下，溶解在可乐中的二氧化碳就会以气体的形式释放出来。

而且，表面凹凸不平的结构越多，越容易刺激二氧化碳释放出来。所以，我们一次性向可乐里放了10粒曼妥思，让可乐里的二氧化碳大量释放出来，就形成了类似喷泉的景象。

那么，如果我们往没有颜色、气味的碳酸水中投入曼妥思，会呈现什么效果呢？我直接说结论，虽然碳酸水中溶解了大量的二氧化碳，放入曼妥思后也会喷出气泡，但不会像可乐那样喷得很高。

这是为什么呢？因为可乐中除了二氧化碳，还添加了很多甜味剂、食用色素等，这些成分可以帮助曼妥思将可乐中的二氧化碳激发出来。而无色无味的碳酸水中不含这些成分，因此产生的气泡就比较少，不会喷得很高。

在海外，非常流行做在碳酸饮料中加入曼妥思的实验，还有人专门就此写了论文。美国化学专业的大学生通过实验，还对不同碳酸饮料的喷发高度进行了排名，据说喷发高度最高的是健怡胡椒博士樱桃味汽水（Diet Cherry Dr Pepper），其次是零度可口可乐。

曼妥思表面有很多细小的凹凸结构。

不是夏天也可以看到水中的热浪

10分钟

在晴朗而炎热的夏日，如果你仔细观察柏油路面的话，可以看到路面上有类似火焰的东西在晃动。这就是所谓的热浪，也叫热霾。

热浪的英语是 heat haze，指空气在太阳的照射下被加热，热空气与周围的冷空气混合，引起空气流动方向发生混乱的现象。

夏天阳光强烈，空气中水蒸气较多的时候就容易出现热浪现象，而冬天基本见不到这种现象。不过，我们可以在水中人为制造出类似热浪的现象，不管什么季节都能看到。

摇曳效应

看着蜡烛或壁炉里燃烧的火焰，我们会为那摇曳的火焰而陶醉，并感到安心。跳动的火焰，那看似能预测但又无法预测的运动状态，据说能给人带来一种治愈心灵的效果。至于这种效果是否真实存在，目前科学家尚在研究当中，还没有得出最终结论。但是大家可以想象一下，蜡烛在我们的日常生活中，虽然已经不具有实用性，但作为装饰品依旧畅销，这是为什么呢？也许很多人还是喜欢看蜡烛摇曳的火焰吧。

第2章　令人目不转睛的运动

在水杯中制造热浪

需要准备的物品

- 带孔的糖块
- 风筝线 
- 透明玻璃杯

顺序

1. 用风筝线穿过糖块的孔将糖块系起来。

2. 向透明玻璃杯中加入清水。

3. 用风筝线吊着糖块放入水杯中。

类似实验

用无纺布袋子装着白砂糖,放入清水中,同样可以观察到水中出现类似摇曳的火焰的现象。

解说 为什么会看见摇曳现象？

通过前面的实验，我们可以观察到当糖块或白砂糖进入水中后，水中会出现类似火焰摇曳的现象。我们再做一个实验，把吸管或搅拌棒插入装有清水的透明玻璃杯中，我们可以看到吸管或搅拌棒发生了弯曲。这是为什么呢？因为光在同一物质中是直线传播的，但光从一种物质进入另一种物质时，就会改变方向，而吸管或搅拌棒一部分在空气中，另一部分在水中，所以看起来就像发生了弯曲（第91页）。

糖块或白砂糖进入水中后会被溶解，这时，水杯中有一部分是清水，有一部分是溶解了糖的糖水，两种液体的浓度不同。那么，光线在清水和糖水之间传播时，视觉上就会发生弯曲。而糖水是在不停扩散的，所以看起来就出现了摇曳现象。

像这种，在透明液体或气体中，因为不同地方的折射率不同而造成的摇曳现象，称为纹影（schlieren）效应。"schlieren"是德语中条纹、纹影的意思。

炎热的晴朗夏日，柏油路面上出现的类似火焰摇曳的现象，就是由于空气密度不均匀造成的。被炎热地面加热的空气，密度变小开始往上升；而上层的空气温度较低，密度相对较大，会向下沉。不管空气的密度大小，它都是透明的，光线可以从中通过，但由于空气的密度不均匀，光线传播的方向就会改变，所以看起来就像摇曳的火焰。将冰块放入清水中，也可以看到类似的现象，这同样是因为水的密度不均匀造成的。

将搅拌棒放入水杯，可以看到搅拌棒在水与空气交界的地方发生了弯曲。

夏天路面的热浪。

空气的惊人力量,可以用眼睛看见吗?

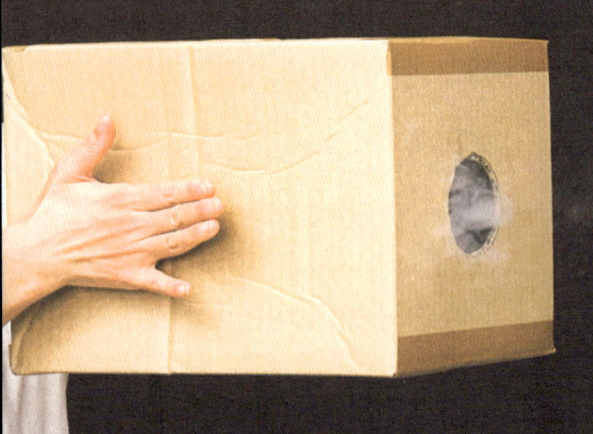

20分钟

我们看不见风,但能感觉到它的存在。站在大风中,我们可以感觉到似乎有一只无形的大手在推着我们的身体,这只"大手"就是空气中的气体分子。风是流动的空气,我们之所以能感觉到风的存在,是因为空气分子碰撞着我们的身体。今天,我们通过空气炮实验来感受一下空气分子的存在。

空气是有重量的

我们被空气包裹着,虽然平时感觉不到,但在我们的头顶上也有厚厚的空气层,1平方厘米范围的空气就重1千克左右,而我们头部上方的面积大约为 10 厘米 ×20 厘米,即 200 平方厘米。也就是说,不知不觉中,我们头上顶着 200 千克的空气。

宇宙是真空的。我们生活在地球上,身体每时每刻都承受着空气压力,如果把我们送到真空的环境中,身体反而会因为压力的变化发生炸裂。所以,当宇航员进入太空时,要穿特制的内部有气压的航天服。

制作空气炮

需要准备的物品

- 纸箱
- 干冰
- 记号笔
- 胶带
- 工作手套
- 裁纸刀

顺序

⚠ 使用刀具时要注意安全。小心被干冰冻伤。
实验结束后,室内要开窗换气。

1 将纸箱上下的开口部分用胶带封好。

2 在纸箱的侧面(面积较小的一面)画一个圆圈,用裁纸刀切开。

3 戴上工作手套,将干冰从圆孔倒入纸箱,让纸箱内充满白烟。

4 双手同时用力挤压纸箱两侧。

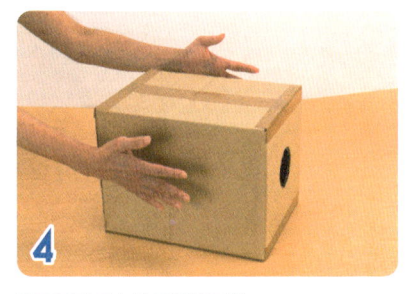

解说 会有什么东西从纸箱中喷出来?

在我们周围的空气中,气体分子以每秒400米的速度高速运动着。但是,因为气体分子太小、太轻,我们感受不到被它们撞击的感觉。

1立方厘米的空气中,大约有$3×10^{19}$个空气分子,其中约80%是氮分子,20%是氧分子。而且,一般情况下,气体分子不会向同一方向运动,而是向四面八方运动的。

在空气炮中,气体分子形成了一个整体,在挤压空气炮的时候,这个整体会向同一方向运动,从纸箱的圆孔喷出。而从圆孔中喷出的气体分子与外界空气相遇后会折返。折返的空气遇到后面喷出的空气,便造成了旋转往前的现象。在我们的空气炮实验中看到的白色烟圈,就是空气旋转前进形成的。在旋转的过程中,气体分子又形成了一个整体,同时往前运动。如果我们站在空气炮的前方,就能体验到被空气撞击的感觉。

在地球的大气中,如果产生了气压差,气体分子就会从气压高的地方向气压低的地方运动。气体分子向同一方向运动,便形成了气流,也就是风。

你可以尝试改良一下空气炮,把纸箱上的圆孔改成五角星孔、三角孔,看看会出现什么样的结果。如果可以的话,试着做出涡环的形状。

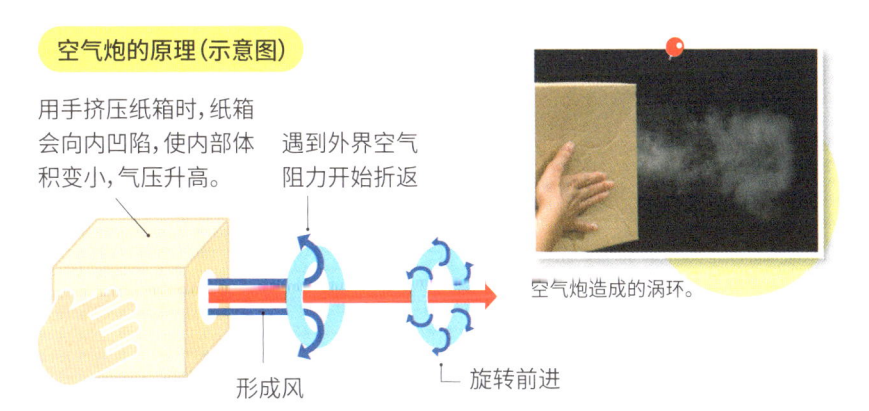

空气炮的原理(示意图)

用手挤压纸箱时,纸箱会向内凹陷,使内部体积变小,气压升高。

遇到外界空气阻力开始折返

形成风

旋转前进

空气炮造成的涡环。

可以自己动起来的蜡烛跷跷板

60分钟

日本人为了驱赶啃食庄稼的鸟兽，发明了一种装置，叫作鹿威。鹿威由竹筒制成，构造类似跷跷板。静止状态下，竹筒开口的一端翘起，另一端落在石头上。不停地向竹筒开口的一端注水，当竹筒中的水达到一定的量时，开口的一端向下倾倒，竹筒里的水就流了出来，使这一端的重量减轻，然后再次翘起来，另一端重新落下去。落下去的那端重重地砸在石头上，发出很大声响，就起到了惊扰、驱赶鹿等动物的作用。但现在，这种装置一般只作为装饰品出现在日式庭院中。

我们可以利用鹿威的原理，制造出一种只要点上火，就可以自己动起来的"蜡烛跷跷板"。但与鹿威不同，蜡烛跷跷板会随着时间的流逝改变运动的速度。这是为什么呢？我给大家一个提示，你可以在实验中观察一下蜡烛火焰的大小，也许能从中找到线索。

右图为鹿威。我们可以看到细细的水流不断注入竹筒左侧，当左侧积累了一定的水量后，重量超过了右侧，左侧就会落下来。但落下来后，左侧的水流出来，重量变轻，右侧又重重地落回石头上，发出响亮的撞击声。

制作蜡烛跷跷板

需要准备的物品

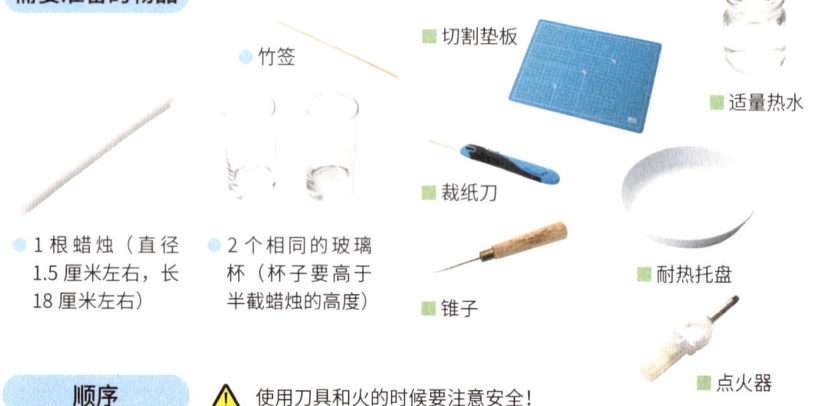

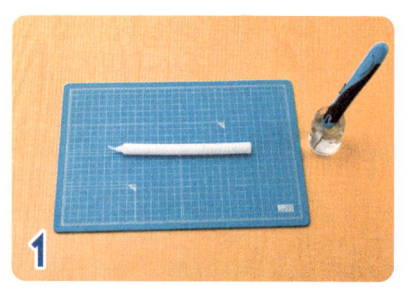

- 竹签
- 切割垫板
- 适量热水
- 1根蜡烛（直径1.5厘米左右，长18厘米左右）
- 2个相同的玻璃杯（杯子要高于半截蜡烛的高度）
- 裁纸刀
- 锥子
- 耐热托盘
- 点火器

顺序

⚠ 使用刀具和火的时候要注意安全！

1 铺好切割垫板，把蜡烛放在上面。同时将裁纸刀放入热水中加热。

2 用加热后的裁纸刀切掉蜡烛底部的石蜡，但不要切断烛芯。

3 取下切掉的蜡烛底部，露出烛芯。

4 将锥子放入热水中加热。

第2章 令人目不转睛的运动

5 用加热后的锥子在蜡烛正中央开一个孔。

6 将竹签插入蜡烛中央的孔中。

7 将两个玻璃杯放入耐热托盘中,杯子之间距离5厘米左右。

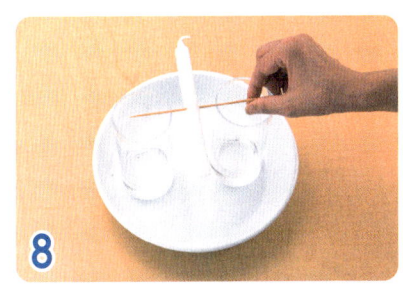

8 将竹签架在两个杯子上,让蜡烛位于两个杯子中间。

9 用点火器将蜡烛两头的烛芯点燃。

可以慢慢观察到,蜡烛像跷跷板一样开始动了起来。当蜡烛不再动的时候,熄灭两头的烛火。

65

解说 为什么蜡烛会像跷跷板一样动起来？

在前面的实验中，当我们把蜡烛两头点燃后，蜡烛就会像跷跷板一样，逐渐一高一低地动起来。我们仔细观察就会发现，每当一边的蜡烛低下来的时候，熔化的蜡液会滴落到托盘里，然后这一边的蜡烛就会马上升上去。左右两边交替，就形成了跷跷板现象。

一开始，蜡烛两边上下交替移动的速度还比较慢，但随着时间的推移，上下交替的速度会越来越快。观察一下烛芯也会发现，燃烧一段时间后，蜡烛伸出的烛芯会比点火之前长不少。伸出的烛芯越长，意味着火苗越大，那么蜡烛熔化的速度也就越快。因此，蜡烛两边重量减轻的速度就加快了，于是上下交替的速度也随之加快。

滴下来的蜡液加上剩余的蜡烛的总量，也比点火前的蜡烛要少一些。那么减少的这部分蜡烛去哪里了呢？

蜡烛燃烧的时候会产生水蒸气和二氧化碳。你可以试着把一个冰凉的钢制餐勺放在蜡烛火焰上方，观察接下来发生的现象。勺子表面会出现一层雾气，这是因为蜡烛燃烧时产生的水蒸气遇到较凉的勺子后冷凝成了小水珠。如果我们收集蜡烛燃烧产生的气体，再将这些气体导入石灰水，石灰水就会变白，说明这些气体是二氧化碳。

固态的蜡烛在60℃就会熔化为液态。固态的蜡烛比较脆，切割的时候容易发生龟裂。所以我们在实验中先把裁纸刀加热再进行切割。加热的裁纸刀可以让蜡烛适当软化，切割的时候蜡烛就不容易发生龟裂。

将冰凉的钢制餐勺放在蜡烛火焰上方，勺子表面会出现一层雾气。

将一个耐热玻璃杯罩在蜡烛火焰上方，杯子内壁也会出现一层雾气。

第 3 章

妙趣无穷的变化

明明什么也没做，却会自行移动的彩色水

半天

我们洗手之后，都会用毛巾或手帕擦手，擦手之后会发生什么现象呢？手上的水没有了。是手上的水消失了吗？当然不是，而是水转移到毛巾或手帕上了。那么水转移到毛巾或手帕的哪里了呢？

毛巾和手帕是由线织成的，而线是由很多纤细的纤维组成的。纤维与纤维之间有很小的间隙，水就是被吸入了这些小间隙中。即使只是把毛巾盖在湿漉漉的手上，水也会被吸进毛巾里。水居然会向上方运动，这难道不是违反"水往低处流"的规律吗？

除了毛巾、手帕，厨房用纸、餐巾纸也可以吸水。接下来，我们就用彩色水来展示水被吸入小间隙中的样子。

为什么会吸水？

近年来，硅藻泥脚垫（第71页）广受消费者欢迎，因为它能瞬间吸收大量的水，保持家居环境的干爽整洁。硅藻泥的主要来源是硅藻外壳残骸在海底堆积形成的硅藻矿物。硅藻是一种藻类植物，分布在世界各地的海洋、河流、湖泊中。硅藻的形状非常小，长度基本小于 0.1 毫米，但它们有富含硅酸的漂亮外壳。硅藻的壳上分布着很多小孔，这些小孔就可以吸水，因此硅藻泥脚垫可以瞬间将水吸干。

会移动的彩色水

需要准备的物品

- 1~2 张厨房用纸
- 微量食用色素（分别准备 3 种颜色）
- 剪刀
- 勺子
- 6 个同等大小的玻璃杯
- 托盘

顺序 ⚠ 使用刀具时要注意安全！

1 将厨房用纸剪成 5 厘米宽的长条，然后先横向对折，再纵向对折。共准备 6 条。

2 取 3 个玻璃杯各装半杯清水，再分别加入食用色素，制作 3 杯不同颜色的彩色水。

3 把 3 个装有彩色水的玻璃杯和 3 个空玻璃杯放入托盘中，按照图中的样式将 6 个杯子交替排列，再将纸条按图示放入杯子中。

4 静置观察变化。

解说 为什么彩色水会移动？

经过观察我们可以发现，纸条会逐渐被彩色水浸透。彩色水会沿着纸条进入空玻璃杯中。而空玻璃杯两侧都有纸条，所以会有两种颜色的彩色水进入空玻璃杯，于是空玻璃杯中就会发生混色现象。可是，彩色水为什么会沿着纸条移动呢？

茶滤上附着的水

水是由众多水分子构成的，水分子与水分子之间有一种容易聚集的性质（凝聚性）。另外，水还有一个性质，就是容易附着在其他物质上（附着性、吸附性）。

如果把茶滤或者网眼很小的金属网放入水中再拿出来，会发现网眼之间被水填满，而且不会落下来。背后的原因就是水分子附着在了金属网上，而水分子之间又容易聚集在一起。

厨房用纸是由很多纤细的纤维相互交错、叠加构成的。纤维与纤维之间有狭小的间隙，水分子容易被间隙吸入其中。因此，我们可以看到彩色水"爬"到了纸条上。这种液体容易进入狭窄管状结构的现象称为毛细现象。硅藻泥脚垫和布脚垫，虽然材料不同，但都可通过毛细现象吸水，只是吸水的量不同而已。

硅藻泥脚垫

火焰的颜色可不都是赤红色!
改变火焰颜色的实验

20分钟

　　观看烟花表演,可是夏天的一大乐事。日本江户时代的烟花颜色比较单一,但进入明治时代以后,因为已经可以合成各种化学物质,烟花的颜色也变得多种多样,非常漂亮。

　　可是,为什么化学物质可以让烟花呈现各种各样的颜色呢?其实我们利用身边的一些东西,就可以改变火焰的颜色。接下来这个实验有一定的危险性,各位家长一定不能让孩子独自做这个实验。

第3章 妙趣无穷的变化

制造不同颜色的火焰

需要准备的物品

- 1 张餐巾纸 
- 消毒酒精（装入可以一滴一滴地滴出酒精的容器） 
- 3 个铝箔杯（烤小蛋糕用的模具）
- 咖啡勺 1/4 勺硼酸
- 咖啡勺 1/4 勺食盐 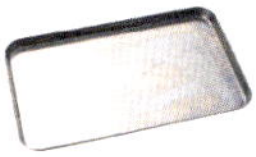
- 金属托盘
- 点火器
- 湿抹布

顺序 ⚠ 用火时要注意安全！如果火焰太大，可以盖上湿抹布灭火。

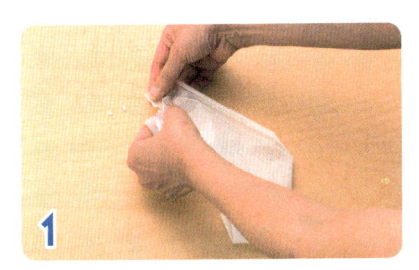

1 将餐巾纸撕成 1 厘米 ×1 厘米大小的小块，并团成小团，制作 3 个这样的小纸团。

2 将 3 个铝箔杯放入托盘中，并在每个铝箔杯中放 1 个小纸团。

3 给每个铝箔杯中的小纸团上滴 3 滴消毒酒精（如果酒精滴得太多，让小纸团湿透了，点火时容易发生危险，请重新制作小纸团）。

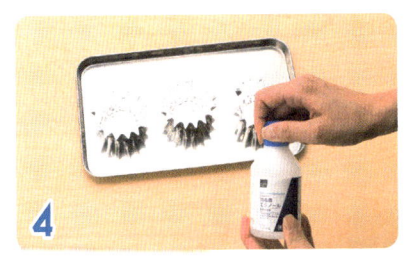

4 将装酒精的容器瓶盖盖好，并放置在远离火源的地方，以免发生危险。

73

5 托盘中的3个铝箔杯，第一个铝箔杯中的小纸团不做任何改变，保持现有状态。

6 给第二个铝箔杯中的小纸团上加一点硼酸。

7 给第三个铝箔杯中的小纸团上加一点食盐。

8 用点火器分别将3个铝箔杯中的小纸团点燃。

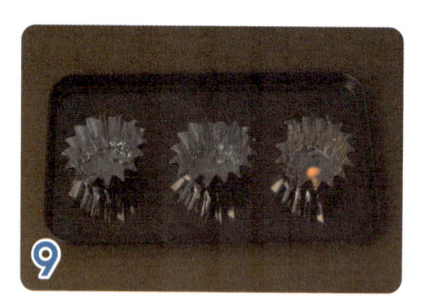

9 关闭室内电灯，小心谨慎地观察每个铝箔杯中的火焰颜色，直至火焰熄灭。

小提示

只滴了酒精的小纸团的火焰颜色不容易被观察到，有时候我们可能会误以为火焰熄灭了，这时如果伸手去触摸铝箔杯是非常危险的，一定要小心！

解说 有颜色的火焰不仅可以用于制作烟花，还有其他用途

在前面的实验中我们观察到，3个铝箔杯中的火焰颜色是不同的。只加了酒精的小纸团燃烧时的火焰是蓝色的，不容易被观察到；加了酒精和硼酸的火焰是黄绿色的；加了酒精和食盐的火焰是明亮的黄色。

有些元素在火焰的加热下，能发出可见光。硼酸中的硼元素、食盐中的钠元素，就是在加热时可以发出可见光的元素。某种元素在燃烧加热时发出特有颜色的现象叫作焰色试验。

在煮味噌汤的时候，如果不小心把汤溢了出来，味噌汤遇到火焰时就会使火焰变成亮黄色。因为味噌汤中含食盐，而食盐中含钠元素。除此之外，铜元素的火焰呈绿色，钾元素的火焰呈紫色，锶元素的火焰呈洋红色。不同元素在焰色试验中产生的颜色不同。

反之，我们也可以根据火焰的颜色，来判断燃烧物中所含的物质。比如，火焰呈黄色，燃烧物中可能含钠元素；火焰呈黄绿色，燃烧物中可能含硼元素；等等。

物质在燃烧的时候，不仅会发出我们肉眼可见的光，还会发出我们看不见的光。对这些光进行分析，以判断物质类型的分析方式叫作光谱分析。在天文学领域，科学家就通过分析星光的光谱来判断星体是由什么物质构成的。虽然人类目前还没有能力到达遥远的星球去现场勘测其构成物质，但发射光谱分析可以帮科学家解决这个难题。

右图是不同元素的焰色试验。从最下方的蓝绿色火焰起，按顺时针方向依次是铜（绿色）、钠（黄色）、钙（砖红色）、钡（黄绿色）、钾（紫色）、锶（洋红色）。

160年前曾震惊世人！会飞的火焰

10分钟

1860年，英国一位伟大的科学家迈克尔·法拉第在为少男少女们举办的圣诞节演讲会上，讲了一个有关蜡烛的故事。后来，法拉第把蜡烛的故事编写成一本书——《蜡烛的科学》，这本书出版后，对世界各国的儿童产生了巨大的影响。日本的诺贝尔奖获得者大隅良典先生和吉野彰先生都曾表示，正是因为儿童时代读了《蜡烛的科学》这本书，才激发了他们对科学的浓厚兴趣，并最终走上了科学研究的道路。

法拉第曾说："我们可以从蜡烛燃烧的现象中看到支配宇宙运转的所有法则。"蜡烛是由固态的蜡制成的，当烛芯开始燃烧时，烛芯周围的蜡开始熔化成液态。但是，液态的蜡会燃烧吗？答案是不会，蜡烛燃烧是当蜡变成气态后才开始的。

法拉第使用两支蜡烛做了一个简单的实验证明了这一点。下面，我们就来再现一下法拉第的蜡烛实验。

第3章　妙趣无穷的变化

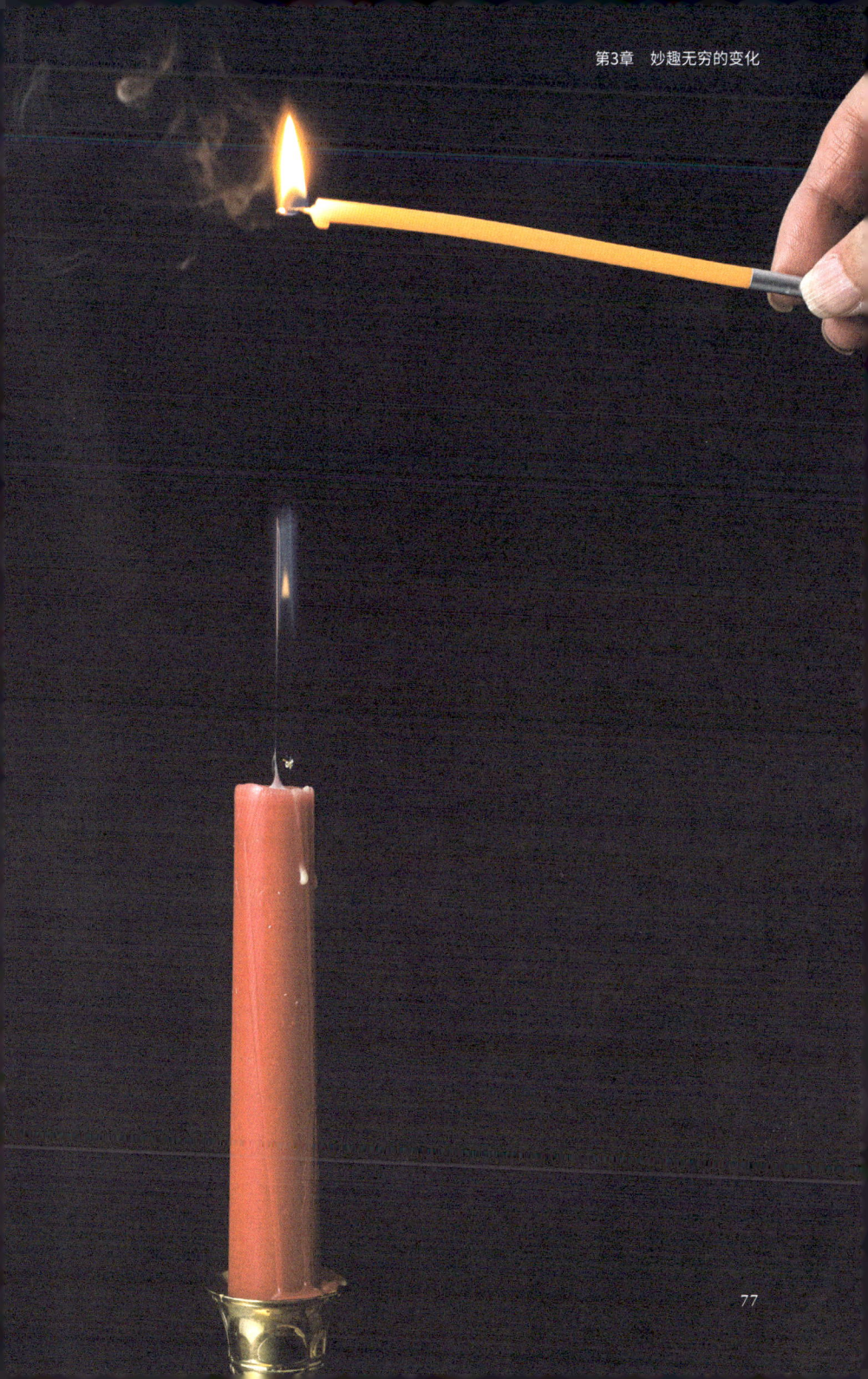

点燃气体的蜡

需要准备的物品

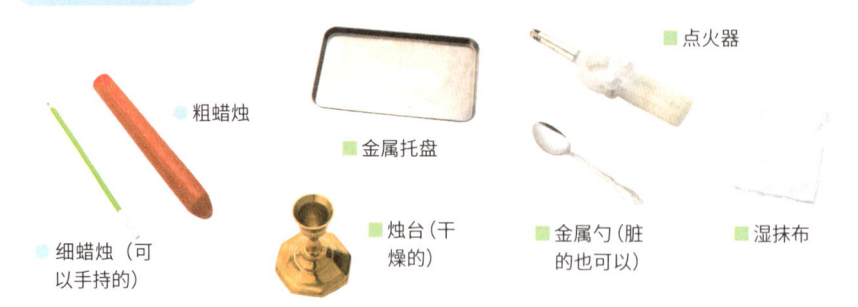

- 粗蜡烛
- 细蜡烛（可以手持的）
- 金属托盘
- 烛台（干燥的）
- 金属勺（脏的也可以）
- 点火器
- 湿抹布

顺序

⚠️ 用火时要注意安全，用完后马上熄灭蜡烛。
万一有燃烧的蜡滴下来，可以用湿抹布盖住灭火。

1 将烛台放在金属托盘中，把粗蜡烛固定在烛台上。用点火器将粗蜡烛点燃。

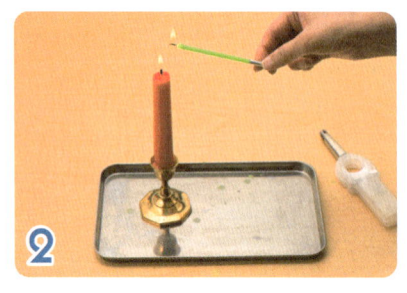

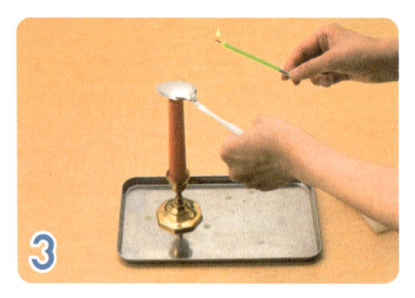

2 将细蜡烛点燃。

3 将细蜡烛远离粗蜡烛。用金属勺盖住粗蜡烛的火焰，将其熄灭。

4 然后马上将细蜡烛的火焰放在粗蜡烛上方5厘米左右的地方。

解说 为什么火焰会移动？

从实验中我们可以看到，火焰好像从细蜡烛上飞到了下面的粗蜡烛上，最终点燃了粗蜡烛。如果用智能手机的录制慢动作功能，将这个过程拍摄下来，回放时就可以更清楚地看到火焰移动的过程。不过要注意，如果一个人完成实验和拍摄的话，可能会出现危险，所以最好由两个人配合完成。

蜡烛由两部分构成，一部分是固态的蜡，另一部分是像绳子一样的烛芯。烛芯燃烧时产生的热量使烛芯周围的蜡熔化为液态，进而变成气态。固态的蜡和液态的蜡都不会燃烧，气态的蜡才会燃烧。

当我们把燃烧的蜡烛吹灭的时候，会闻到一股特殊的气味，那就是气态蜡的气味。

在实验中，当粗蜡烛的火焰被熄灭后，空中还飘浮着气态的蜡，这时，将燃烧的细蜡烛接近粗蜡烛，空中的气态蜡被点燃，看上去就像细蜡烛上的火焰移动到了粗蜡烛的烛芯上。

蜡烛燃烧的原理（示意图）

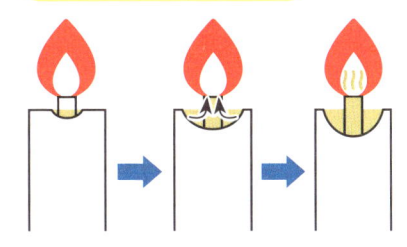

固态的蜡在火焰的热量下熔化了。

熔化的液态蜡因毛细现象（第71页）爬上了烛芯。

液态蜡变成气态蜡，并开始燃烧。

刚刚熄灭的粗蜡烛上空还有气态的蜡。

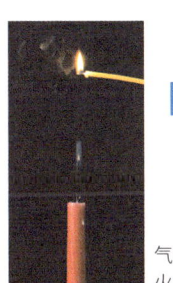

气态蜡被火点燃。

粗蜡烛的烛芯也被点燃。

那么大的环形山是怎么形成的?

20 分钟

在晴朗的夜空中，我们可以比较清晰地观察满月，仔细看会发现，月球表面有一些阴暗的部分。在天文学的世界里，月球表面阴暗的部分被称为月海，月球表面明亮的部分则被称为月陆或高地。

距今大约 40 亿年前，月球遭受了很多大型陨石的撞击，于是在月球表面形成了很多巨大的凹坑（环形山）。随后，月球内部含有黑色玄武岩的岩浆从陨石砸出的凹坑中喷涌而出，堆积在环形山里。月海之所以看起来是黑色的，就是因为黑色玄武岩。

我们无法看到月球环形山形成的真正过程，但是可以通过实验，简单模拟环形山形成的大致过程。我们只需要一些面粉、可可粉和一部有录制慢动作功能的智能手机，就可以简单再现环形山形成的过程。

了解月球表面的样子

日本人把月球表面的阴影形容为"玉兔捣年糕"，美国人说月球表面的阴影像鳄鱼，阿拉伯人说月球表面的阴影像狮子……可见，不同国家、地区的人，对月亮表面阴影图案的描述也是不同的。

2007 年，日本种子岛宇宙中心发射了月球探测器——"月亮女神"。"月亮女神"将在距离月球上空 100 千米的轨道上运行 600 天，并对在地球上看不到的月球背面进行探测。"月亮女神"向地球传回了很多有关月球的数据，并找到了未来在月球建设基地的候选地点。月球上虽然没有兔子，也没有月亮女神，但说不定未来的某一天，人类就会登上月球居住。

制造环形山

需要准备的物品

- 500 克左右面粉
- 2 大勺可可粉
- 方盘子
- 2 个玻璃球
- 容器（容量为 500 毫升左右）
- 智能手机
- 面粉筛
- 三脚架

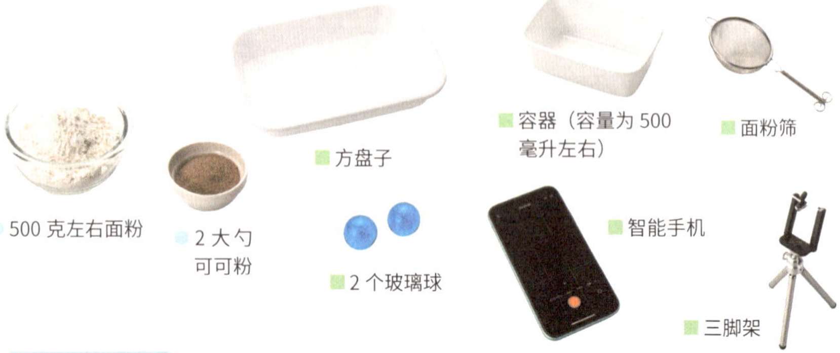

顺序

1 在桌上放好方盘子，将容器放在盘子中央。向容器中加入约 3 厘米厚的面粉。

2 用面粉筛在面粉表面均匀地撒一层可可粉。

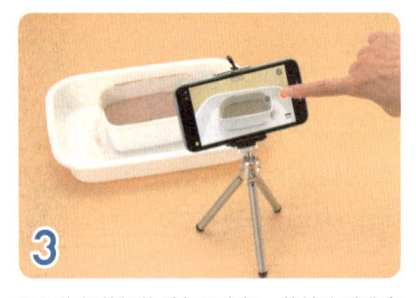

3 用三脚架将智能手机固定好，将镜头对准容器，开始录制慢动作。

4 取一个玻璃球，从可可粉上方高 10 厘米的地方丢下。再取一个玻璃球，从可可粉上方高 50 厘米的地方丢下。

解说 环形山是如何形成的？

当玻璃球撞击到可可粉和面粉时，下层的面粉会飞溅到可可粉上面。面粉飞溅形成的图案，就和月球表面环形山周围的图案相似。

月球表面的环形山是由陨石撞击形成的。陨石撞击月球的时候，速度极快，时速可以达到 10 万千米以上。陨石以如此快的速度撞击月球时，在撞击地点会产生高温并形成巨大的冲击波。因此，陨石撞击在月球表面形成的凹坑要比陨石本身大很多，而且，撞击地点附近的岩石会飞溅出很远的距离。在距今大约 38 亿～41 亿年前，月球和地球上都发生了大量的天体撞击事件，在地球上也形成了很多环形山。但是，地球上的环形山经过风雨的侵蚀和河流海洋的冲刷，痕迹大多已经消失。而月球上没有风雨和水流，所以数十亿年前形成的环形山至今依然保留着当初的样子。

在这次的实验中，玻璃球下落的高度不同，产生撞击时的速度就不同，在面粉、可可粉上的撞击效果也不同。大家可以用不同大小的玻璃球做实验，也可以用同样大小的玻璃球和海绵球做实验，对比一下结果有什么不同。

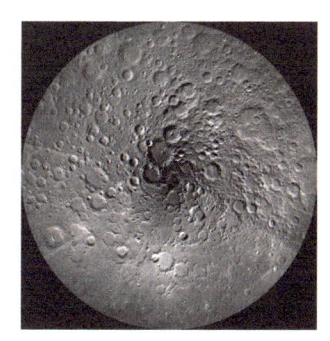

照片中是月球的北极，我们可以看到大量的环形山。
摄影：NASA/GSFC/Arizona StateUniversity

照片中右边是月球上形成时间较短的环形山，形成时间不足 5 亿年。从照片中我们还可以看到撞击时岩石飞溅的痕迹。
摄影：NASA/Lunar Reconnaissance Orbiter Camera

蛋壳去哪儿了？ 鸡蛋吸收了什么？ 2天

　　大家都吃过煮鸡蛋，煮熟的鸡蛋外壳被剥掉后，在蛋白的表面还有一层薄膜，这层薄膜叫蛋壳膜，里面包裹着蛋白和蛋黄。蛋壳膜具有半透性。顺便说一下，构成我们人体的细胞，外面包裹着一层细胞膜，这层细胞膜也具有半透性。

　　半透性到底是什么意思呢？我们可以通过制作Q弹蛋的实验，来了解半透性的概念。下一页的照片是用鸡蛋制作的Q弹蛋，如果想缩短实验时间，也可以用鹌鹑蛋来制作Q弹蛋。

第3章 妙趣无穷的变化

制作Q弹蛋

需要准备的物品

- 鸡蛋
- 醋
- 玻璃容器（可以装入鸡蛋）

顺序

1 将鸡蛋轻轻地放入玻璃容器。

2 向玻璃容器中倒入醋，直到鸡蛋被淹没。

3 静置1天。

4 将玻璃容器中的醋倒掉，倒入新醋，再静置1天。

解说 蛋壳为什么会消失？鸡蛋为什么会变大？

当鸡蛋浸入醋里的时候，蛋壳上会冒出很多小气泡，这是因为蛋壳含有碳酸钙，碳酸钙和醋中的醋酸发生化学反应，产生了二氧化碳，也就是我们看到的小气泡。同时，经过这个化学反应，碳酸钙变成了醋酸钙。碳酸钙不溶于水，所以蛋壳在水中不会溶解。但醋酸钙可以溶于水，所以，当蛋壳中的碳酸钙变成醋酸钙后，就会因醋中的水分而溶解，从而蛋壳消失不见。

鸡蛋坚硬外壳的里面就是一层薄薄的蛋壳膜。虽然蛋壳可以溶于醋，但蛋壳膜不会溶于醋。因此，当蛋壳溶于醋之后，鸡蛋就只剩蛋壳膜包裹着蛋白和蛋黄，手感很Q弹。

但是我发现，Q弹蛋比有蛋壳的时候更大一些，这是为什么呢？因为鸡蛋吸收了醋中的水分。这时，如果我们把Q弹蛋放入浓盐水或蜂蜜水中，又会发生什么现象呢？Q弹蛋会缩小。如果我们再把缩小的Q弹蛋放入清水中，它又会变大。这到底是怎么回事呢？

水分子具有平衡蛋壳膜内外侧液体浓度的作用。所以，当Q弹蛋外侧的液体浓度高于内侧的时候，水分子就会从Q弹蛋内侧透过蛋壳膜向外侧移动。反之，当Q弹蛋外侧的液体浓度低于内侧时，水分子就会透过蛋壳膜从外侧进入Q弹蛋内侧。蛋壳膜的这种性质就叫作半透性。

鸡蛋的构造与醋的关系（示意图）

浓厚蛋白、外水样蛋白、蛋黄膜、内水样蛋白、内蛋壳膜、气室、系带、系带、蛋黄、蛋壳、外蛋壳膜

碳酸钙 ＋ 醋
→醋酸钙 ＋ 二氧化碳 ＋ 水

把鸡蛋浸泡在醋中，蛋壳上会冒出二氧化碳气泡。

玻璃球明明就在那里，却怎么也看不见

⏰ 10分钟

我们都知道，光是沿直线传播的，但如果光碰到某个物体，传播方向就会发生改变，光要么被吸收，要么被反射。正是因为光的反射，我们才能看见物体。

大家可以想象一个透明的玻璃杯中装满了水，虽说玻璃杯和水都是透明的，可我们也能看见玻璃杯，还知道杯里有水。这是为什么呢？因为在空气中传播的光，遇到玻璃杯后，一部分光被玻璃杯反射了，所以我们能看见玻璃杯的存在。还有一部分光穿过玻璃杯进入了杯子内部，这时光遇到了水，传播方向会发生细微的改变，因此，我们也可以看见杯子中的水。

利用光会"转弯"的性质，我们可以让某些物体"隐身"，或者让某些物体看起来漂在水中，而实际上它们不可能漂在水中。

光的传播速度

如果光的传播方向上没有物体阻挡,那么光可以沿直线传播到很远很远。光在真空中一年时间内经过的距离,称为 1 光年,相当于 9.5 兆千米那么远!夜空中闪耀的一等星天狼星,是除太阳外距离地球最近的恒星,但它与地球的距离也有 8.6 光年,也就是 81.7 兆千米左右。换句话说,天狼星发出的光要前进 8.6 年才能到达地球。

亲手制造让玻璃球漂浮在水中的奇观

需要准备的物品

- 透明吸水珠（做园艺用的高分子吸水珠或除臭球等大颗粒的高吸水性聚合物）
- 透明玻璃容器
- 彩色玻璃球 

顺序

1 将透明吸水珠倒入透明玻璃容器中，装满容器的一半即可。

2 向容器中倒入彩色玻璃球。

3 向容器中倒入清水，直至水没过彩色玻璃球。

第3章 妙趣无穷的变化

解说　为什么吸水珠不见了？

吸水珠由聚丙烯酸钠和水构成。聚丙烯酸钠的结构是由长分子交错构成的网状结构，我们肉眼无法看清。

光在同一物质中传播时，以直线形式前进，但当光遇到不同的物质时，传播方向就会发生改变。因为吸水珠和水的质地几乎一样，所以，进入水中的光线遇到吸水珠时，还会以直线形式前进。因此，我们就难以看到水中的吸水珠。

而玻璃球是玻璃材质的，其质地不同于水，所以进入水中的光线遇到玻璃球时，传播方向会发生改变。因此，我们就能看见水中的玻璃球。

于是就出现了一种现象——我们看不见水中的吸水珠，却能看见水中的玻璃球。所以，人会产生一种视觉错觉，以为玻璃球漂浮在水中。

吸水珠和玻璃球在水中对光线的折射（示意图）

玻璃球和水的质地不同，所以可以被看见。

吸水珠和水的质地几乎相同，所以不容易被看见。

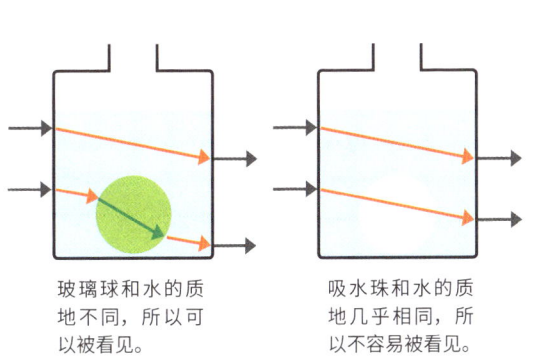

在这个实验中，我们可以把吸水珠和玻璃球交错放置，能看到玻璃球"悬浮"在水中的样子。我们也可以使用带颜色的吸水珠试试（有色吸水珠在水中只能看到一团颜色，而看不出球的轮廓）。

91

只有黑白两色的陀螺，为什么转起来可以看见彩色？

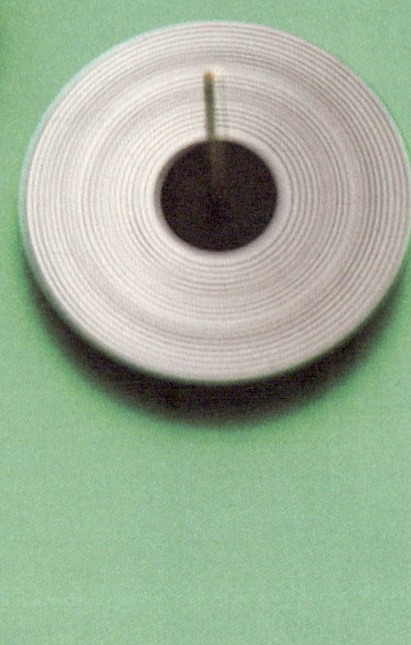

20分钟

92

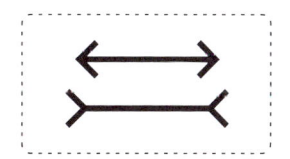

请小朋友在纸上画一条线段，然后在它下方再画一条同样长度的线段。按照右图的样子，给上面的线段加上朝外的箭头，给下面的线段加上朝内的箭头，再对比两条线段，看会出现什么样的视觉效果？

是不是感觉上面的线段要短一点，下面的要长一点？这两条线段明明一开始画的时候是一样长的，为什么现在感觉不一样长了呢？大家可以把纸旋转90度，竖过来再对比一下两条线段，你应该还是感觉箭头朝外的线段要短一点。

这到底是为什么呢？其实是因为我们看到的事物会在大脑中进行处理，而处理的时候会出现错觉。女孩子涂了睫毛膏或粘了假睫毛后，眼睛会显得比较大，也是这个原理。因为睫毛膏或假睫毛和眼睛相比是朝外的，就像加了朝外的箭头的线段一样，所以眼睛看起来会变大。其实，不仅仅是物体的大小会出现视觉错觉，颜色也会出现视觉错觉。接下来我们就通过实验来验证一下，"原本没有的颜色，却能被我们看见"的现象。

贝纳姆转盘的制作方法

需要准备的物品

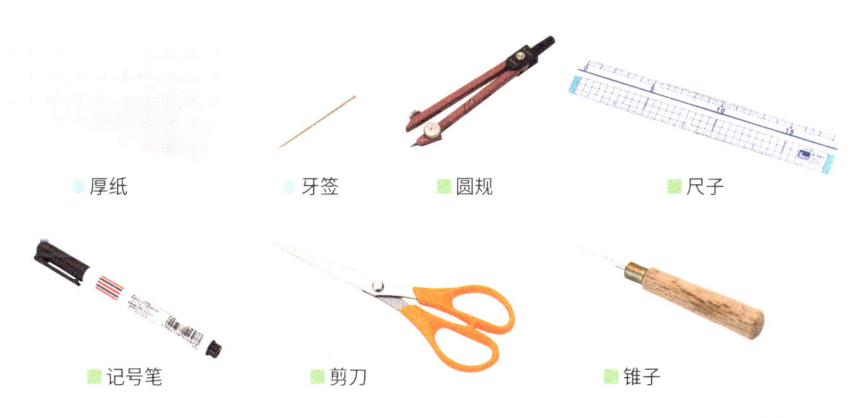

- 厚纸
- 牙签
- 圆规
- 尺子
- 记号笔
- 剪刀
- 锥子

93

顺序 ⚠ 使用剪刀和锥子时要注意安全。
可以将本页下方的陀螺图案扩大复印后，贴在陀螺表面。

1 用圆规在厚纸上画一个半径为 4 厘米的圆，然后再在其中画 3 个同心圆，半径分别为 3 厘米、2 厘米、1 厘米。

2 按照本页下方的图案，将圆的一部分涂黑。

3 沿着大圆的轮廓将其剪下。

4 用锥子在圆心开一个小洞，将牙签插入其中。陀螺就做好了。

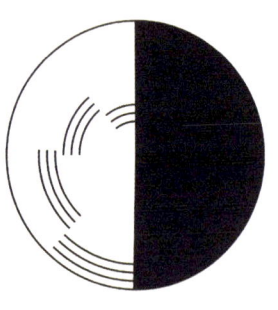

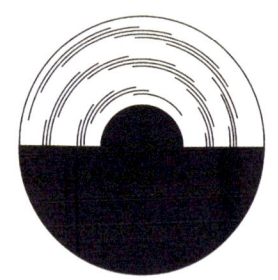

解说 为什么能看见原本没有的颜色？

陀螺原本只有黑白两种颜色的花纹，为什么旋转起来我们能看见彩色呢？而且，陀螺旋转速度快的时候和旋转速度慢的时候，我们看见的颜色还不一样。这种陀螺名叫贝纳姆转盘。德国物理学家、心理物理学家费希纳发表了一项研究成果——黑白图案的圆盘旋转起来可以出现彩色的视觉效果。后来，英国玩具商贝纳姆将费希纳的图案设计到陀螺上，陀螺上市后非常畅销，因此这种陀螺被命名为贝纳姆转盘。

至于为什么原本黑白两色的图案旋转起来会出现彩色的视觉效果，至今还没有科学家彻底揭开其背后的秘密，但大多数科学家认为这是人类视觉错觉所造成的结果。我们通过眼睛视网膜上的视细胞（也叫感光细胞）来识别颜色，当视细胞捕捉到光的时候，就会向大脑传递信号。但是，当贝纳姆转盘快速旋转的时候，判断颜色的视细胞就会产生错觉，因此，可能判断旋转的陀螺是彩色的。

我们可以换一种形式来做类似的实验。请大家看下图，可以看到，左上方有一只红色翅膀黑色身体的蝴蝶。请大家先盯着这只蝴蝶看15秒，再把视线移到下方只有黑色身体的蝴蝶身上。这时你是不是可以看见这只蝴蝶的黑色身体似乎带着绿色的翅膀？大家让眼睛休息一会儿，这次请先盯着右上方蓝色翅膀的蝴蝶看15秒，再把视线移到下蝴蝶的黑色身体上。这时，你会看见这只蝴蝶的黑色身体似乎带着橙色的翅膀。

原本不存在，却能被我们看见的颜色，其实是我们盯着看的颜色的补色（又叫余色）。我们根据视细胞的工作原理可以了解这种视觉错觉形成的原因。当我们盯着一种颜色看的时候，对这种颜色产生反应的视细胞就会变得疲劳，而此前没有工作的视细胞（即识别这种颜色的补色的视细胞）这时开始工作，于是我们就看见了补色。

将红色、蓝色翅膀的蝴蝶盯久了可以分别看见绿色、橙色翅膀的蝴蝶。那其他颜色被盯久了会怎样呢？大家可以自己做个实验，画几只不同颜色翅膀的蝴蝶，看自己能看到什么颜色的补色。

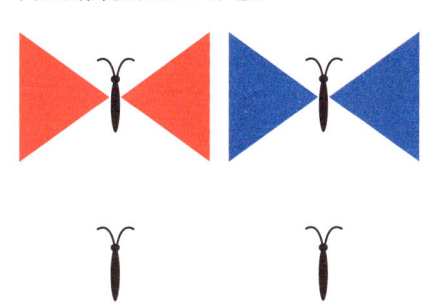

彩色白菜是怎么形成的?

1天

春天，在河边、田地里我们经常能看见成片的黄花，那是油菜的花，油菜属于十字花科植物。十字花科植物除了油菜，还有白菜、芜菁、甘蓝、西蓝花等，上述四种植物都是市场上常见的蔬菜，虽然它们的外形差异比较大，但开的花都差不多，都是有四片花瓣的黄色小花。

植物是靠根从土壤中吸收水分的，根部吸收的水分再通过茎输送到叶子、花。不过，因为水没有颜色，所以我们很难看到水被输送到了植物的哪个部分。但是，如果使用有色素的水，就可以清楚地看到水被输送到了哪里。下面，我们就通过实验来制作彩色白菜，借此来分析水被输送到了植物的哪些部位。

白菜原产地是哪里？

以十字花科的蔬菜为例，日本产量最高的是萝卜，其次是甘蓝，第三名就是白菜。日本人冬天吃火锅的时候，白菜是必不可少的食材。白菜的原产地是地中海沿岸，在日本明治时代，白菜经由中国传到了日本。同是十字花科的蔬菜，芜菁在很久以前就登上了日本人的餐桌，相比之下，对日本人来说，白菜还是一种比较新的蔬菜。

顺便说明一下，有些白菜的白色部分既没有被虫蛀，也没有发霉，却有一些黑色的小颗粒，大家不用担心，这些黑色小颗粒的真实面目是多酚。可可和茶叶都富含多酚，也就是说，这样的白菜可以放心吃。

制作彩色白菜

需要准备的物品

- 微量食用色素
- 白菜
- 容器（容量为200毫升左右）
- 勺子
- 菜刀
- 砧板

顺序　⚠ 使用刀具时要注意安全！

1 向容器内加入微量食用色素，再加入100毫升水，搅拌均匀。

2 将白菜的根切掉，叶子切成能放进容器中的宽度。

3 将白菜叶子的底部插入容器的色素水中，静置半天到1天。

挑战 如果还有其他颜色的食用色素，可以用同样的方法再浸泡一片白菜叶子。

解说 白菜的什么地方发生了变化？

这个实验的结果是白菜的叶子改变了颜色，变成了和色素水一样的颜色。白菜叶子上有一些白色的筋，如果我们把白色的筋垂直切开，可以看到这些白色的筋也被染上了颜色。这些白色的筋就是输送水分的管道。

世界上最高的树高度在110米左右，别看它这么高，同样有从根通往顶端叶子的管道。在这次的实验中我们看到，白菜叶子的尖端也变了颜色，说明输送水的管道遍布了整片叶子。

植物可以利用太阳光，将水和二氧化碳转化成葡萄糖，这个过程叫作光合作用。葡萄糖不容易保存，所以会聚合成淀粉，并暂时保存在植物叶子中。然后淀粉变成蔗糖，通过筛管被输送到植物的花、根等部位，再以淀粉的形式保存起来。筛管，顾名思义，就是内部带有像筛子一样的网眼的管子。

在这个实验中，大家使用的食用色素种类不同，可能会出现白菜染色困难的情况，因为有些食用色素不容易将白菜染色。遇到这种情况，可以换一种食用色素再试试。

光合作用与管道、筛管（示意图）

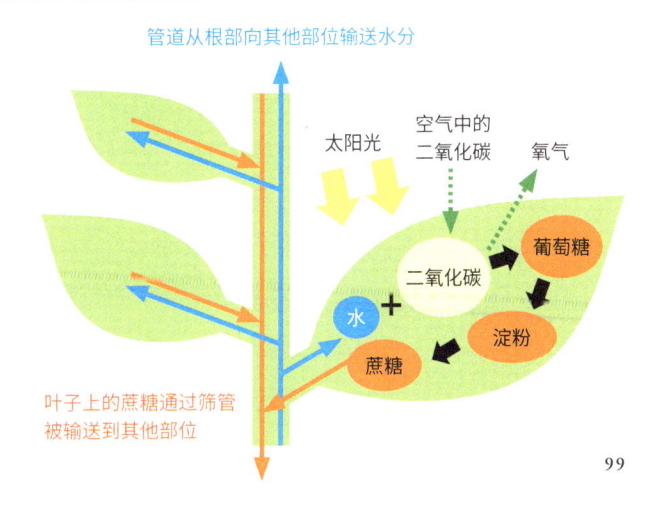

瞬间变色！
从茶色到蓝色，再到无色

⏱ **20分钟**

　　如果我们将茶色的碘液滴在土豆上，会发现土豆上滴液的部分马上变成了蓝色，这叫作淀粉遇碘显色原理。这个实验非常简单，但效果特别出彩，瞬间就能变色，不仅能变成蓝色，还能变透明，好像变魔术一样。

　　在这个实验中，我们可以用含碘的漱口水或含碘的消毒液作为碘液。大家先试试把碘液滴到咖啡滤纸或报纸上，看会呈现什么效果。因为咖啡滤纸和报纸都含有淀粉，因此会呈现蓝色。还有什么物品含有淀粉呢？大家不妨多试试。

　　做实验的时候，大家一定要睁大眼睛盯着看，因为变色只是一瞬间的事，千万不要错过这个精彩瞬间。

第3章 妙趣无穷的变化

漱口水的颜色变了!

需要准备的物品

- 1 小勺藕粉
- 2 毫升含碘漱口水 
- 含维生素 C 的饮料 
- 锅 
- 大玻璃杯
- 滴管
- 2 个小玻璃杯
- 筷子 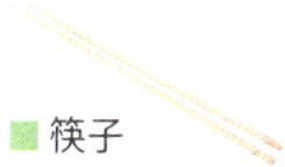

顺序

⚠️ 用火时要注意安全,小心烧伤、烫伤,还要防止引发火灾。

1 向锅中加入 100 毫升清水,再加入藕粉,搅拌均匀。开小火加热至藕粉溶解,关火冷却,制成藕粉溶液。

2 将含碘漱口水倒入大玻璃杯中,再加入 100 毫升清水,制成碘液。

3 将藕粉溶液倒入一个小玻璃杯中,用滴管吸取碘液,再滴几滴到藕粉溶液中。

4 将碘液倒入另一个小玻璃杯中,用滴管吸取含维生素 C 的饮料,再滴几滴到碘液中。

101

解说 碘与淀粉、维生素C的反应

藕粉是提取藕中的淀粉制成的,而淀粉是由葡萄糖以螺旋结构聚合而成的。当碘(I_2)进入这个螺旋结构时,碘分子就会立刻排成一列,呈现蓝色,这就是淀粉遇碘显色原理。

通过实验我们发现,如果向碘液中加入含有维生素C的饮料,碘液会瞬间变成无色透明的。这是因为碘与维生素C发生反应,变成碘化物离子。碘溶解在水中是茶色的,但变成碘化物离子(I^-)后,就变成了无色透明的。通过淀粉遇碘显色原理,我们把淀粉溶液变成了蓝色,如果再向其中加入维生素C饮料的话,蓝色的淀粉溶液就会变成无色透明的液体。

只要有维生素C在,就可以让碘液变透明。所以,我们可以用碘液来检查哪种物品含有维生素C。比如,你觉得瓶装的冰红茶中含有维生素C吗?可以将其加到碘液中试试。

通过这样的实验,我们可以发现很多意想不到的物品含有维生素C。至于其中维生素C的含量有多少,就看用多少量能让碘液变透明了。

淀粉遇碘显色原理(示意图)

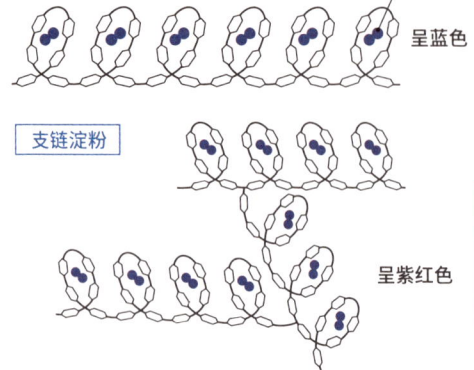

直链淀粉 — 碘 — 呈蓝色

藕粉所含的淀粉有两种,分别是直链淀粉和支链淀粉。支链淀粉和碘发生反应后,紫红色变淡,所以整体看起来就呈蓝色。

支链淀粉 — 呈紫红色

实验证明,瓶装冰红茶中也含有维生素C。

第4章

料理也是
一门科学

1分钟速冻！
制作口感丝滑的冰激凌

20分钟

在牛奶中加入砂糖、香草精等食用香精，再放到冰箱的冷冻室里等待牛奶凝固，就可以制作出冰激凌，还可以根据自己的喜好，给牛奶中加入可口的果酱。在炎热的夏天自己制作冰激凌，是很多小朋友最喜欢的事。可是，用冰箱冷冻室制作冰激凌，要等3小时以上牛奶才能彻底凝固，而且，在凝固之前不进行搅拌的话，冻出来的冰激凌口感也不丝滑，有点遗憾。

我有一款"制冰机"，用它制作冰激凌不仅耗时短，而且做出来的冰激凌口感很丝滑，需要的物品只有冰块、盐和一件T恤衫！听到这里，你是不是很好奇，用这些东西怎么制作冰激凌呢？

日本最早的冰激凌

1869年（明治二年），在日本横滨有人用冰和盐制作出了日本第一个冰激凌。盛在一个小碗里的一点点冰激凌，当时的价格要2日元，相当于现在的8000日元！

1882年（明治十五年），日本人第一次使用电灯。后来，电在日本迅速普及。到了1920年（大正九年），日本已经可以用电工业化地制作冰激凌了。

第4章 料理也是一门科学

制作口感丝滑的冰激凌

需要准备的物品

- 200 毫升牛奶
- 20 克砂糖
- 2~3 滴香草精 
- 2 杯左右细碎的冰块
- 100 克食盐
- 打蛋器
- 碗
- 自封袋（大小各 1 个）
- T 恤衫（成人款）

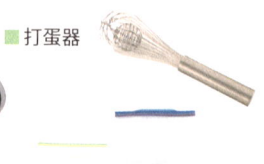

顺序

⚠ 这个实验最后需要两个人共同完成。

1 将牛奶、砂糖、香草精加入碗中。

2 用打蛋器搅拌，直到砂糖溶解在牛奶中。

3 将搅拌好的牛奶倒入小自封袋中。

4 将小自封袋封好。

106

第4章 料理也是一门科学

5 将冰和食盐倒入大自封袋中。

6 让食盐和冰均匀混合。

7 将小自封袋放入大自封袋中。

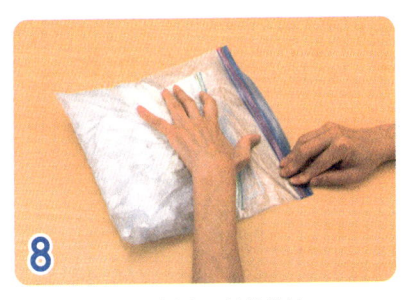

8 挤出大自封袋中的空气，并将其封口。

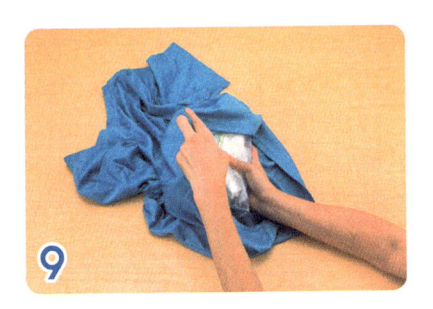

9 将大自封袋放入T恤衫里。

10 两人分别抓住T恤衫的领口、袖口和下摆，绕圈摇动1分钟左右。取出大自封袋，拿出里面的小自封袋。冰激凌就做好了。

解说 速冻会让冰激凌口感更丝滑

冰在融化的过程中，会从周围吸收热量。如果你把手放在冰块上方，就可以感觉到冰块上方的空气也是凉飕飕的。那么，"只有冰"和"冰＋盐"，哪种情况下冰融化得更快呢？大家自己动手尝试一下就会知道，"冰＋盐"会让冰融化得更快。而且，"冰＋盐"可以让温度降到-15℃左右。可是，温度都降到这么低了，为什么冰还会融化，不是应该冻得更结实才对吗？真是不可思议。

冰在融化过程中，会有一部分冰化成水，盐会溶解在水中形成盐水。即使温度低于0℃，盐水也不会结冰。如果只有水的话，当温度低于0℃时，水分子就会相互紧贴在一起，形成固态的冰。但水中溶解了盐的话，盐会阻碍水分子贴在一起，因此不容易结成固态的冰。就这样，剩余的冰会继续融化，而融化的水又变成盐水，这部分盐水也不会结冰。冰不断地融化导致温度继续降低。

冰箱冷冻室内的温度在-18℃左右。但是，如果把做冰激凌的材料放进冷冻室中，也不会在1分钟内凝固。而"冰＋盐"的温度只有-15℃左右，为什么它能让做冰激凌的材料在1分钟内就速冻起来呢？

冷冻室是通过低温气体来使液体凝固，而"冰＋盐"是通过低温液体来使液体凝固。虽说温度都差不多，但液体和气体的导热方式有很大区别。液体可以更快地将热量从热的物体传递给冷的物体。

水在缓慢结冰的过程中，会形成较大的晶体；在快速结冰的时候，形成的晶体则比较小。所以，用冰箱冷冻室慢慢凝固的冰激凌，吃起来口感粗糙，而用"冰＋盐"速冻出来的冰激凌，口感更绵密丝滑。因为后者的冰的结晶要小很多。

水、冰、盐水的结构（示意图）

固态

冰
从周围获得热量 ↓ ↑ 向周围释放热量
水

水分子以正六边形的结构紧密结合在一起。

液态　**食盐**

水分子虽然连接在一起，但结构比较松散。

水中溶解了食盐的时候，水分子结合受到阻碍，因此即使温度低于0℃，也不会结冰。

Na
Cl

第4章 料理也是一门科学

应用 为罐装果汁或罐装啤酒快速降温 5分钟

如果想给罐装果汁或罐装啤酒快速降温的话，我们可以利用液体导热更快的性质。

在使用下面的方法给罐装果汁或罐装啤酒快速降温的时候，一定要不停地滚动易拉罐。如果不滚动易拉罐，只是把易拉罐静置在"冰+盐"上的话，罐内容易结冰的水分子会先凝固起来。结果，果汁或啤酒中的其他成分就相当于被浓缩了。这时，即使重新把果汁或啤酒解冻，那些被浓缩的成分也不会复原了，果汁或啤酒的味道就会被改变，不如原来的好喝。

需要准备的物品

- 适量细碎的冰块
- 适量食盐
- 罐装果汁（或罐装啤酒）
- 盘子

将食盐均匀地撒在冰块上，把冰块全部覆盖。

顺序

1. 将冰块铺满盘子，在冰块表面均匀地撒满食盐。

2. 将易拉罐放在撒满食盐的冰块上，不停地滚动1分钟左右。

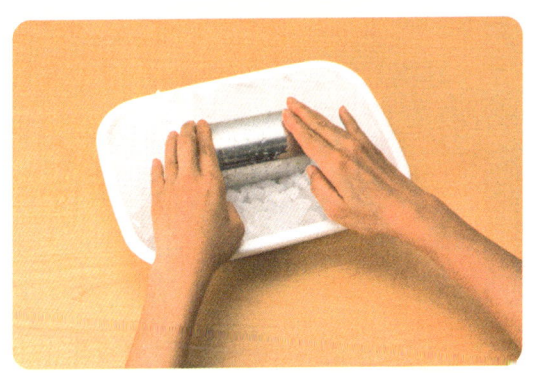

不停地滚动是让易拉罐里的液体迅速降温又能保持其味道的秘诀。

制作清凉爽口的柠檬糖

1天

　　植物在阳光的照射下可以进行光合作用，生成葡萄糖。因为最初是在葡萄中发现了大量的这种糖，所以科学家把这种糖命名为葡萄糖（grape sugar）。

　　大米和土豆等食物中含有淀粉，当我们吃下米饭或土豆之后，淀粉就会在我们体内被分解成葡萄糖，成为我们身体运转的能量之源。如果直接吃葡萄糖的话，就不需要花时间分解，葡萄糖能够立刻为身体提供能量。所以，在疲劳的时候吃葡萄糖可以快速有效地缓解疲劳，让我们重新充满力量。

　　正因为这样，市面上销售的柠檬糖基本上都是以葡萄糖为原料制作的。但是，用葡萄糖制作柠檬糖还有另外一个好处，你知道是什么吗？

好喝的柠檬汽水

　　日本有一种柠檬汽水，汽水瓶里有一颗玻璃球，可以让汽水缓慢地流出来。这种汽水的英文名字叫 lemonade。在日本明治时代，柠檬汽水的制造方法从英国传入日本。

　　柠檬糖和柠檬汽水一样，都略带酸味，口感清凉爽口。它们之所以都带有酸味，是因为都含有柠檬酸。柠檬汽水的原料之一柠檬中含有柠檬酸，而柠檬糖在制作过程中也要添加柠檬酸。

第4章 料理也是一门科学

制作正宗的柠檬糖

需要准备的物品

- 25 克葡萄糖
- 微量食用色素（粉末） 
- 小咖啡勺 1 勺柠檬酸（食用） 
- 小咖啡勺 1 勺小苏打（食用） 
- 勺子
- 球形模具（可以用 1 毫升的量勺替代） 
- 碗（不锈钢或玻璃材质）
- 喷雾器
- 盘子等

顺序

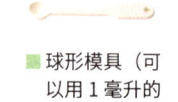

⚠️ 不要用手直接触碰柠檬酸！

1. 将葡萄糖、柠檬酸、食用色素倒入碗中，搅拌均匀（这时可能还看不出颜色）。

2. 在喷雾器中加入清水，向碗中喷水雾并充分搅拌。当感觉碗里的粉末快要凝固的时候，停止喷水（注意不要喷水过量）。

3. 向碗中加入小苏打，继续搅拌，然后将混合粉末放入模具中，为其塑形。

4. 在室内放置 1 天，等其干燥。混合粉末干燥固定后，柠檬糖就做好了。

解说 为什么柠檬糖入口后会感觉清凉爽口？

我们知道，制作柠檬糖的主要原料是葡萄糖，可为什么把柠檬糖放入嘴里的瞬间，我们会有清凉爽口的感觉呢？原因是，当葡萄糖在水中溶解的时候，会从周围吸收热量（吸热性）。所以，当我们把葡萄糖放入嘴里的时候，葡萄糖就会溶解在唾液中，从口腔中吸收热量。

吃柠檬糖时口感清凉的原因不止于此。当柠檬酸和小苏打（碳酸氢钠）同时在水中溶解时，会发生化学反应，产生二氧化碳和柠檬酸钠。在反应过程中，同样要从周围吸收热量（吸热反应）。由此可见，给葡萄糖添加柠檬酸、小苏打制成的柠檬糖能给我们带来清凉的口感，一是因为葡萄糖具有吸热性，二是因为柠檬酸和小苏打发生的化学反应是一种吸热反应。

另外，我们在家里自制柠檬糖的时候，经常会使用绵白糖代替葡萄糖。大家可以用等量的绵白糖代替葡萄糖再制作一些柠檬糖，然后品尝一下，看口感和用葡萄糖做的柠檬糖有没有区别。

实际上，用绵白糖制作的柠檬糖吃起来也有清凉的口感，但清凉程度不如用葡萄糖制作的。不过，用绵白糖制作的柠檬糖甜度更高。因为绵白糖就是将精制白砂糖碾成很细的粉末，所以绵白糖的主要成分和白砂糖一样，是蔗糖。蔗糖是由葡萄糖和果糖组成的，果糖的甜度比葡萄糖更高。如果蔗糖的甜度是 1，那么葡萄糖的甜度只有 0.6 ~ 0.7，而果糖的甜度可以达到 1.2 ~ 1.5。

试试在手掌上先放微量小苏打和柠檬酸，再滴几滴水，你会意外地发现，手掌感觉非常凉。因为小苏打和柠檬酸在溶解于水的过程中发生了化学反应，吸收了手掌的热量。不过提醒大家注意一点，做这个实验的时候，一定要用微量的小苏打和柠檬酸，而且不要把脸凑近去看。实验结束后，马上用大量清水把手清洗干净。柠檬酸的酸性很强，千万不要让它溅到眼睛里。

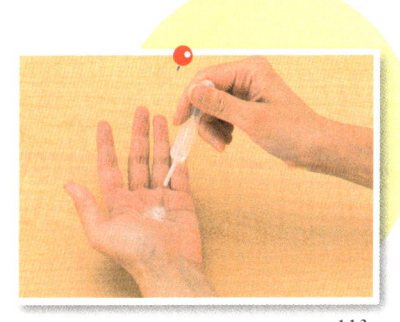

按照自己喜欢的颜色、形状制作可以吃的宝石

⏰ 3天

琥珀糖是一种晶莹剔透的糖果，在日本很受欢迎。琥珀糖是用琼脂和砂糖混合制成的，据说从江户时代就开始流行。只用琼脂和砂糖制作的琥珀糖是无色的，在古代，人们用栀子的果实为琥珀糖着色，那时的琥珀糖除了无色的，就只有栀子果实染成的黄色的。当时市场上售卖的琥珀糖叫琥珀羹或金玉羹。现在，因为有各种各样的食用色素，所以可以制作出各种颜色的琥珀糖。

琥珀糖做好后可以马上吃，也可以放置一段时间，等表面变脆再吃。琥珀糖表面的脆壳是溶解的砂糖再结晶（第28页）形成的。

琼脂是以海藻为原料加工而成的，砂糖则来自甘蔗等含糖植物。琼脂和砂糖的主要成分都是多糖。虽然琼脂和砂糖都是多糖，但它们也有很大的区别，那它们究竟有哪些区别呢？

琥珀糖中的"琥珀"是什么？

琥珀是一种稀有、美丽、坚硬的宝石。一提到宝石，大家可能会想到钻石、蓝宝石、红宝石等矿物。

古时候，我们的祖先就发现了美丽的琥珀，并用它们来当装饰品。不过，琥珀并不是矿物，而是天然植物树脂。千万年前，松树、柏树等植物分泌的树脂滴到地上，被埋藏起来形成了化石，也就是琥珀。有时候，我们还能在琥珀中发现昆虫的身影，那是因为当年树脂恰巧滴在了昆虫身上，将它们包裹起来，一起形成了琥珀化石。

制作琥珀糖

需要准备的物品

- 4 克琼脂
- 300 克砂糖（精制白砂糖或绵白糖）
- 微量食用色素（如果是粉末状，先用少量水溶解）
- 锅
- 硅胶锅铲
- 一次性塑料手套
- 保存容器
- 竹签
- 保鲜膜
- 砧板
- 水果刀

顺序 ⚠ 使用火和刀具的时候要注意安全，谨慎操作！

1 向锅中加入 200 毫升清水，再加入琼脂，开中火加热，同时不停地搅拌。

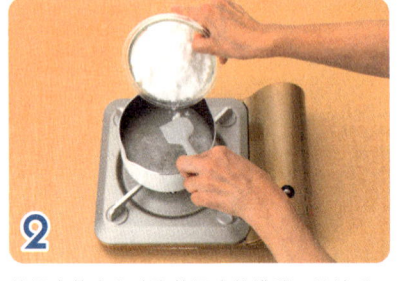

2 待锅中的水和琼脂的混合物沸腾 2 分钟后，加入砂糖，继续搅拌。等砂糖完全溶解，混合物出现黏稠迹象时，关火。

3 将锅中的混合物倒入容器，加入食用色素，适当搅拌后，静置冷却。

4 等容器中的混合物凝固后，在砧板上铺一层保鲜膜，再将混合物固体倒在保鲜膜上。静置 2～3 天等其自然干燥。这样，琥珀糖就制作好了。

解说 食物中的糖类

琼脂一般是以石花菜、江蓠等海藻为原料制成的，这些海藻中富含的人体无法消化的多糖，叫作琼脂糖。琼脂是由琼脂糖等多糖将水和砂糖包裹起来凝固而成的。因为我们人体无法消化琼脂糖，所以琼脂对我们来说热量为零。因此，在减肥餐中常会用到琼脂。

如果我们摄入了过量的砂糖或米饭、面条等碳水化合物，身体会发胖，因为碳水化合物中含有大量淀粉。淀粉分为直链淀粉和支链淀粉两种。直链淀粉是葡萄糖按一字排列而成的，支链淀粉则是葡萄糖交叉排列而成的。但不管是哪种淀粉，我们人体都无法将其直接作为营养物质食用，也感受不到它的味道。但我们唾液中的淀粉酶和肠道内的麦芽糖酶可以将淀粉分解成葡萄糖等成分被身体吸收利用。大家可能都有感受，当我们把米饭放在嘴里咀嚼时，会尝到甜味，这是因为唾液中的淀粉酶把米粒中的淀粉分解成了葡萄糖。

另外，砂糖的主要成分是蔗糖。蔗糖进入我们体内后，会被小肠中的蔗糖酶分解成葡萄糖和果糖，再被身体吸收利用。

各种糖类的构造（示意图）

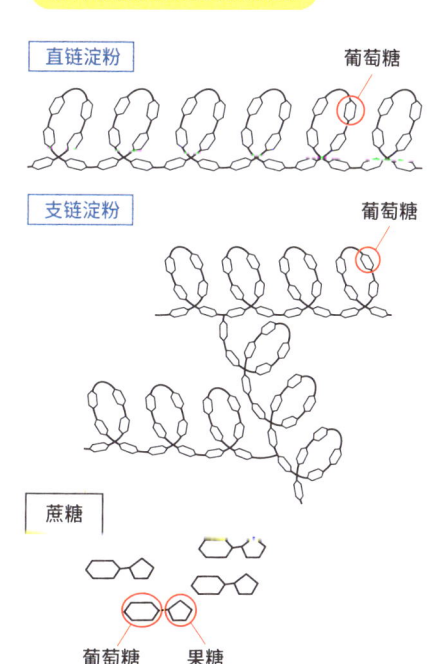

应用 制作雨滴蛋糕

⏱ **3 小时**

雨滴蛋糕外形赏心悦目，就像一颗凝固的水滴。因为制作雨滴蛋糕的主要材料是琼脂，所以即使在炎热的夏天，这种蛋糕也不会融化。如果想制作出的雨滴蛋糕口感更加 Q 弹，外观更加透明，我们也可以用卡拉胶代替琼脂。卡拉胶是一种从角叉菜、杉藻等海藻中提炼出来的海藻胶。

卡拉胶既具有果冻般的 Q 弹感，又具有和琼脂一样在炎热的夏天也不容易融化的特质，而且卡拉胶的透明度更高，因此在制作商业糕点的过程中，经常会使用卡拉胶。在日本街头的糕点屋，常温状态下销售的果冻，基本上都是使用卡拉胶制作的。在日本的超市中就能够买到卡拉胶。

需要准备的物品

- 5 克卡拉胶
- 模具（耐热）
- 锅
- 盘子等容器
- 硅胶锅铲

在超市买到的卡拉胶。

可以用小碗做模具。

顺序

⚠ 用火时要注意安全！

1 向锅中加入 250 毫升清水，再加入卡拉胶，搅拌均匀。

2 开小火加热，一边加热一边搅拌。沸腾后再加热 1 分钟，关火。

3 将锅中的液体倒入模具中，待冷却后放入冰箱冷藏室。

4 冷藏 2 小时后，从冰箱中取出模具，将凝固的雨滴蛋糕倒在盘子里。

因为雨滴蛋糕只有水和卡拉胶，所以没有味道。可以用蜂蜜或黄豆粉当作调味料。

第4章 料理也是一门科学

应用：制作能吃的玻璃球

⏱ 3小时

"能吃的玻璃球"其实是一种晶莹剔透的甜品,在日本叫九龙球。"玻璃球"就是球形的果冻,里面还可以添加各色的水果,好吃又好看。制作九龙球可以使用琼脂,如果想让它透明度更高的话,可以使用卡拉胶。

当然也可以用明胶做九龙球,但在夏天高温的环境下,用明胶做的果冻容易融化,而且还不能添加某些水果(第129页)。所以,一般会用琼脂或卡拉胶来制作九龙球。

需要准备的物品

- 5克卡拉胶
- 30克砂糖
- 适量切成小块的水果
- 汽水
- 锅
- 模具(耐热、球形)
- 硅胶锅铲
- 碗等容器

琼脂、卡拉胶和明胶的区别

	琼脂	卡拉胶	明胶
主要原料	石花菜、江蓠等海藻	角叉菜等海藻	牛骨、牛皮、猪皮等
凝固温度	40～50℃	30～40℃	20℃以下
凝固后的融化温度	70℃	60℃	25℃

顺序

⚠ 用火时要注意安全!

1. 向锅中加入250毫升清水,再加入卡拉胶、砂糖,搅拌均匀。
2. 开小火加热,一边加热一边搅拌。沸腾后再加热1分钟,关火。
3. 先将小水果块放入模具中,再将锅中的液体倒入模具中,待冷却后放入冰箱冷藏室。
4. 冷藏2小时后,从冰箱中取出模具,将凝固的果冻倒在碗里,再向碗里倒入汽水。

将液体倒入半球形模具中,多倒一些,然后再盖上另一个半球形模具,就可以做出球形果冻。

用卡拉胶制作的玻璃球果冻,晶莹剔透,很是好看,还不容易融化。再加入汽水,可谓消暑佳品。

119

用紫薯粉制作变色煎饼

30分钟

某种物质溶解在水中,就形成了水溶液。举例来说,溶有醋酸的醋、溶有柠檬酸的柠檬汁、洗碗用的清洁剂,这些都是水溶液。

所有水溶液都可以分为酸性、中性和碱性。那么,如何分辨一种水溶液到底是酸性、中性、还是碱性呢?有一个简单的方法就是用紫甘蓝液测试。但是,制作紫甘蓝液要把紫甘蓝切碎后榨汁,有点麻烦。我们可以用葡萄汁代替紫甘蓝液。不过,用葡萄汁也有缺点,葡萄汁和酸性液体的反应不容易被直观地看到。

为了解决这些问题,我们可以请紫薯粉出场。紫薯粉是制作糕点常用的原料,我们用紫薯粉来制作一款会变色的紫色煎饼,然后观察从碱性变成酸性的过程。

好吃的紫薯

紫薯是甘薯的一种,因为皮和瓤都是紫色的,故得名紫薯。在日本,鹿儿岛和冲绳地区栽种了很多紫薯。紫薯因为其独特的颜色和甘甜的口味广受欢迎,人们用紫薯可以做出很多美味的料理和甜品。紫薯粉也可以在超市买到,大家可以自己尝试用紫薯粉制作好吃的食物。

制作会变色的煎饼

需要准备的物品

- 150 克煎饼粉
- 1 个鸡蛋
- 120 毫升牛奶
- 2 个碗
- 平底锅（最好是含氟的不粘锅，如果是普通铁锅，要先在锅里涂一层油）
- 10 克紫薯粉
- 适量柠檬汁
- 汤勺
- 打蛋器
- 锅铲
- 盘子

顺序

⚠️ 用火时要注意安全！

1 将煎饼粉和紫薯粉倒入碗中，搅拌均匀。

2 将鸡蛋打入另一个碗中，倒入牛奶，搅拌均匀。然后将蛋奶混合液倒入装有煎饼粉的碗中，并充分进行搅拌，做成煎饼面糊。

3 用小火给平底锅加热，然后倒入一汤勺的煎饼面糊。待煎饼正面开始冒泡、开孔时，翻面继续煎。

4 煎饼两面都煎好后，关火。将煎饼盛到盘子中，淋上柠檬汁。

解说 花青素的性质

煎饼粉和紫薯粉混合后,再加入鸡蛋和牛奶的混合液,整体颜色就从紫红色变成了紫色。煎好的煎饼看起来紫色更重,还偏蓝一点,但煎饼被淋上柠檬汁的时候,瞬间就变成了粉红色,真的太不可思议了!

紫薯为什么会呈现紫色呢?因为紫薯含有花青素。花青素是植物所含的色素,它有一个有趣的性质:在酸性环境中呈现红色,在中性环境中呈现紫色,在碱性环境中呈现蓝色。煎饼粉中含有弱碱性的小苏打(碳酸氢钠),鸡蛋也呈弱碱性。因此,在煎饼粉和紫薯粉的混合物中加入黄色的蛋奶混合液后,煎饼底料就呈现出略带绿色的紫色。

碳酸氢钠被加热后,会变成强碱性的碳酸钠。这时,花青素的颜色就变成蓝色。因此,煎好的煎饼紫色更重,还略带蓝色。而柠檬汁呈酸性,这时在煎饼上淋上柠檬汁,花青素就从蓝色变成紫色,进而变成红色。

除了紫薯粉,我们还可以用其他材料做类似的实验,比如蓝莓。蓝莓是紫色的,其中也含有花青素,所以,我们用蓝莓也可以做变色实验。除此之外,茄子、洋葱等紫色蔬菜也可以在酸、碱环境中改变颜色。再有,红色的草莓也含有花青素。下次你吃草莓的时候,可以拿一点草莓果肉放在小苏打水中,看看会发生什么变化。

蓝莓、茄子、洋葱、草莓等蔬果都含有花青素。

如何把硬的肉变软？

⏱ **60分钟**

对我们人类来说，蛋白质、脂肪和碳水化合物是非常重要的营养物质。其中，蛋白质是构成人体肌肉、内脏、毛发、激素和酶的重要物质，脂肪是构成细胞膜、神经的主要成分，碳水化合物是人体的能量来源。

蛋白质是由氨基酸构成的，无法直接被人体吸收。蛋白质进入人体后，会在胃、肠中被"切"成小段，变成氨基酸，然后才能被吸收利用。"切"蛋白质的工具是蛋白酶。

很多食物中都含有蛋白酶。今天我们用蘑菇来研究一下蛋白酶的工作原理。

蛋白质的消化过程

我们摄入的蛋白质会在胃里被一种名为胃蛋白酶的蛋白酶"切"成小段，然后在十二指肠中被一种名为胰蛋白酶的蛋白酶分解成 1~3 个氨基酸，才能被吸收利用。

如今，我们的物质生活水平已经很高，每天可以从肉类、鱼类中摄取蛋白质，但以前的人们可不是每天都能吃到鱼和肉的。据说在日本的江户时代，一个成年男性每天要吃 5 合（合：容量单位，10 合 =1 升）大米，因为大米所含的蛋白质比较少，若每天不吃够 5 合大米的话，就无法获得生存必需的蛋白质。

让肉变软

需要准备的物品

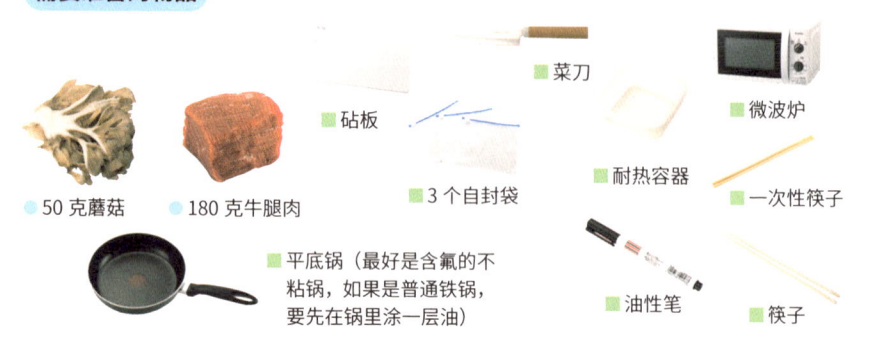

- 50 克蘑菇
- 180 克牛腿肉
- 砧板
- 3 个自封袋
- 菜刀
- 耐热容器
- 微波炉
- 一次性筷子
- 油性笔
- 筷子
- 平底锅（最好是含氟的不粘锅，如果是普通铁锅，要先在锅里涂一层油）

顺序

⚠ 使用刀具和火的时候要注意安全。

1 将蘑菇切成碎块。

2 将一半蘑菇碎块放入微波炉中加热（500W 的微波炉加热 30 秒），另一半蘑菇碎块不加热。

3 将牛腿肉切成 3 等份。

4 在一个自封袋上用油性笔写上"A"，然后装入 1 块牛腿肉，并封口。

126

第4章 料理也是一门科学

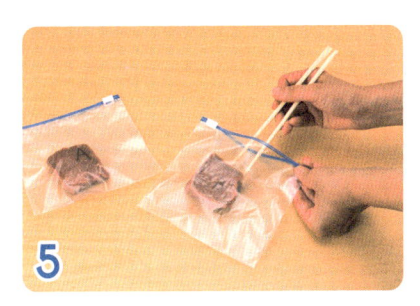

5 在另一个自封袋上用油性笔写上"B",然后装入 1 块牛腿肉。

6 将加热后的蘑菇碎块装入 B 袋中,并用筷子把蘑菇碎块均匀分布在牛腿肉周围,封口。

7 在余下的一个自封袋上用油性笔写上"C",然后装入 1 块牛腿肉。

8 将未加热的蘑菇碎块装入 C 袋中,并用筷子把蘑菇碎块均匀分布在牛腿肉周围,封口。

9 将 3 个自封袋静置 30 分钟,然后检查袋内牛腿肉的软硬程度。

10 将 3 块牛腿肉取出,放在平底锅中煎相同的时间,然后比较它们的软硬度和味道。

127

解说 蛋白酶的威力

通过上面的实验，你应该发现了，被没有加热过的蘑菇碎块包裹的牛腿肉更软，煎熟之后更好嚼。这是为什么呢？

蛋白质的英语是 protein，蛋白酶的英语是 protease。猕猴桃、甜瓜、生姜等蔬果富含蛋白酶。我们体内也有蛋白酶，可以将吃进来的肉、鱼等蛋白质分解，然后加以吸收利用。因为蘑菇中含有丰富的蛋白酶，所以被蘑菇碎块包裹的牛肉会变软。

但是，为什么经过微波炉加热的蘑菇碎块无法让牛肉变软呢？实际上，蛋白酶本身也是由蛋白质构成的。我们知道，生鸡蛋虽然是软的（黏稠的液体），但煮熟之后就变成固体了，原因就是鸡蛋中的蛋白质结构在加热之后发生了改变。同样，蘑菇加热后，其中的蛋白酶结构也发生了改变，无法分解牛肉中的蛋白质了。

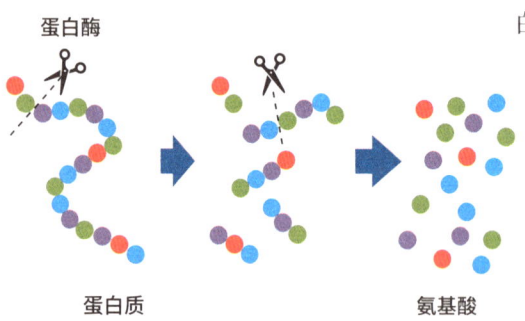

蛋白酶分解蛋白质的过程(示意图)

蛋白酶

蛋白质　　　　　　　　　　　氨基酸

生肉呈现出的红色，是一种名为肌红蛋白的蛋白质的颜色。肉被煎熟或煮熟后，肌红蛋白氧化，就变成了褐色。

应用 加了菠萝,果冻还能凝固吗?

⏰ 3小时

用明胶制作果冻的时候,如果在明胶中加入了生菠萝,明胶就没法凝固了。你听说过这个生活小常识吗?因为明胶是由蛋白质构成的,而菠萝富含蛋白酶,所以菠萝会将明胶分解,导致明胶无法凝固。但如果是罐头菠萝,就可以加入明胶制作果冻,因为罐头菠萝是煮熟的菠萝,菠萝中的蛋白酶已经改变了形式,不会分解蛋白质了。

用生菠萝和明胶不能做果冻,但我们可以把明胶换成卡拉胶,卡拉胶不怕蛋白酶。

需要准备的物品

- 2 克明胶粉
- 80 毫升温水(50℃左右)
- 3 块生菠萝
- 3 块罐头菠萝
- 碗
- 硅胶锅铲
- 2 个玻璃杯

超市可以买到明胶粉。

顺序

1. 将明胶粉倒入碗中,先加一大勺清水泡开,再加入温水并搅拌均匀。

2. 分别向 2 个玻璃杯中加入等量的明胶水。

3. 在一个杯子中放入生菠萝块,在另一个杯子中放入罐头菠萝块,然后将两个杯子放进冰箱冷藏。

加生菠萝块(左)和加罐头菠萝块(右)的对比。两者都使用明胶水制作果冻。

结果,加生菠萝块的明胶无法凝固,而加罐头波萝块的明胶凝固了。

制作口感奇妙的气泡巧克力

⏱ **60分钟**

有的时候，我们撕开巧克力的包装纸，会发现巧克力表面有一层白色的"霜"。这时再吃它的话，会发现巧克力的味道和口感都不太一样了。

巧克力表面的那层白霜叫脂霜（fat bloom），是巧克力中的油脂在表面结晶形成的。制作巧克力的原料有可可脂、可可块和砂糖等。当温度达到28℃以上时，巧克力表面的可可脂就会融化；当温度降低，巧克力表面的可可脂再次固化结晶时，就形成了白霜。巧克力表面有白霜后，就没那么好吃了。不过，我们可以把有白霜的巧克力加工成气泡巧克力来吃。

深奥复杂的巧克力世界

对可可脂进行固化的方式有很多，在不同的固化方式下，可可脂结晶的形状以及容易融化的程度也有所不同，大体可以分为6种类型。要想做出最好吃的巧克力，需要先升温到45~50℃让可可脂熔化，然后降温到25~27℃，接下来升温到31~32℃，最后再冷却使其固化。这个温度调整的过程非常复杂，但只有经过这一系列的温度变化，才能让可可脂以最适合巧克力的V型结晶固化。

可可脂结晶的过程是一个非常有趣的物理过程。据说美国普林斯顿大学有一群喜欢物理学的学生还专门组成了一个研究巧克力的科学小组。

制作气泡巧克力

需要准备的物品

- 1/2 小勺食用小苏打
- 1/2 小勺柠檬汁
- 一次性塑料手套
- 微波炉
- 50 克巧克力
- 4 个蛋挞皮（或耐热杯）
- 耐热碗
- 耐热盘子
- 硅胶锅铲

顺序 ⚠ 谨慎操作，避免烫伤！

1 将巧克力掰成小块，放入耐热碗中。

2 用 500W 的微波炉加热巧克力 30 秒。如果巧克力还没有完全熔化的话，再加热 10 秒。

3 向熔化的巧克力中先加入小苏打，搅拌均匀后再加入柠檬汁，同样搅拌均匀。

4 将搅拌好的混合物分别倒入蛋挞皮中。

第4章　料理也是一门科学

5

将蛋挞皮放入微波炉中加热20秒。如果巧克力没有起泡的话，再加热10秒。

6

加热后，将蛋挞皮从微波炉中取出，在室温下冷却后，再放入冰箱中冷藏。等一段时间后就可以拿出来品尝了，也可以将巧克力从中间切开，观察内部的形状。

解说　气泡是怎么形成的？

在巧克力中添加小苏打、柠檬汁，再经过微波炉加热，巧克力中就会扑哧扑哧地冒出气泡。背后的原因是小苏打（碳酸氢钠）和柠檬汁发生了化学反应。

如果在巧克力里只添加小苏打，然后放进微波炉中加热，也能制作出气泡巧克力。不过，为了产生足够多的气泡，就需要添加较多的小苏打，这样一来，加热后就会产生很多带有苦味的碳酸钠，让气泡巧克力的味道变差。

小苏打和柠檬汁发生化学反应后，产生的物质有柠檬酸钠、水和二氧化碳。柠檬酸钠没有苦味。添加柠檬汁制作的气泡巧克力，只含有柠檬酸钠，所以不会变得难吃。

前面讲过，巧克力中含有丰富的可可脂，也就是说，巧克力中含有大量油脂。可为什么油脂还能和柠檬汁混合在一起呢？

大家可以认真看一下巧克力包装袋上的原料表，其中有一种原料叫乳化剂。制作巧克力时，可可块和砂糖不容易和油脂混合在一起。如果直接将可可块、砂糖和可可脂混合在一起，就会出现混合不均的现象，可可块和砂糖会分别结块。因此，为了让这三种原料均匀地混合在一起，需要加入卵磷脂等乳化剂。乳化剂的作用是将油脂乳化。卵磷脂是蛋黄中含有的一种表面活性剂（第149页）。因为巧克力中含有卵磷脂，所以柠檬汁才能和可可脂混合在一起。

硬布丁和软布丁的区别

90分钟

第4章　料理也是一门科学

布丁分为两种，硬布丁和软布丁，你喜欢哪一种？制作布丁的材料一般是鸡蛋、砂糖和牛奶，通过改变这些材料的比例，就可以改变布丁的软硬度。常规来说，想做软布丁的话，就增加蛋黄的用量；想做硬布丁的话，就增加蛋白的用量。但其实，只要改变砂糖的用量，就可以改变布丁的硬度。

如果砂糖放得多，做出的布丁是软还是硬呢？你先设想一个答案，然后亲自动手实验一下，看结果是否和你设想的一样。

通过改变砂糖的用量，来调节布丁的软硬度

需要准备的物品

- 1 个鸡蛋
- 100 毫升牛奶
- 2~3 滴香草精
- 6 大勺砂糖
- 碗
- 打蛋器
- 3 个耐热杯（容量均为 75 毫升以上）
- 汤勺
- 铝箔纸
- 大勺子
- 小盘子
- 油性笔
- 双耳锅

135

| 顺序 | ⚠️ 用火时要注意安全！|

1 将鸡蛋打入碗中，用打蛋器把蛋白搅碎，将蛋液搅拌均匀。

2 将牛奶和香草精加入碗中，搅拌均匀。

3 将搅拌好的牛奶蛋液分别装入3个耐热杯中。

4 向3个杯子中分别加入1勺糖、2勺糖和3勺糖，搅拌均匀。

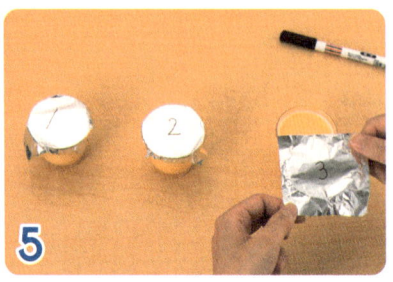

5 将铝箔纸剪成3小块，并用油性笔分别写上1、2、3。用带有数字记号的铝箔纸分别给3个耐热杯封口。

6 将3个耐热杯都放入双耳锅中，向锅中注入清水，使清水的液面与耐热杯中牛奶蛋液液面平齐即可。盖上锅盖。

开中火加热，等锅中的水沸腾后，再煮2分钟关火（如果发现布丁还没有凝固，则适当延长加热时间）。

将耐热杯从锅中取出，等自然冷却后放入冰箱冷藏1小时。品尝1、2、3号布丁，看哪个软，哪个硬。

解说 砂糖和蛋白质的关系

亲口品尝布丁后你应该能发现，1号布丁硬，3号布丁软，二者的区别只是砂糖的用量不同。为什么会出现这样的差别呢？

布丁之所以能凝固，是因为鸡蛋中的蛋白质经过加热改变了结构，变成了网状结构，但砂糖能妨碍蛋白质变成网状结构。加入砂糖后，布丁凝固的难易度也改变了。添加的砂糖越多，布丁越不容易凝固。砂糖不仅对鸡蛋中的蛋白质起作用，对肉类中的蛋白质也有同样的作用。所以，在炖肉时加一些糖会更好吃。一方面是因为糖起到了调味作用，另一方面是加糖可以防止肉变硬，口感更柔软。

顺便介绍一下，焦糖布丁中的焦糖，也是用砂糖制成的，通过加热改变了砂糖的性质。将砂糖加热到140℃再让其冷却的话，会形成白色结晶。将砂糖加热到170℃后，砂糖就会发生化学反应，变成茶褐色，并产生各种有香味的物质。这时再将其冷却的话，就制成了焦糖。但如果将砂糖加热到190℃以上的话，砂糖就焦煳了，所以不要加热过度。

*焦糖的制作方法
　　向耐热容器中加2大勺砂糖和1大勺水，用500W的微波炉加热1分钟。这时容器会非常热，一定要戴上耐热手套再去取出容器。如果容器中的砂糖还没有达到茶褐色，就再加热10秒；若还没有，再加热10秒，注意不要一次性加热超过10秒。取出后向容器中加1大勺热水即可。这样焦糖就做好了。

探索爆米花的秘密

20分钟

大家知道为什么电影院都会卖爆米花给观众当零食吗？原因是爆米花洒落到地上容易打扫，吃起来没什么声音，容易调味、口味丰富，等等。大家可能有一个疑问：爆米花是用玉米制作的，那我们平时煮着吃的甜嫩玉米，是不是也能做爆米花呢？其实不能。大家可以试一下，把干燥的嫩玉米加热后，它们就会变黑、变焦。那么，为什么嫩玉米不能做爆米花呢？

左侧照片是爆裂的爆米花。大家可以用平底锅给玉米加热试试，记得加热时要盖上锅盖。

139

自制爆米花

需要准备的物品

- 1 大勺油
- 25 克做爆米花专用玉米
- 平底锅（带玻璃锅盖的）

顺序

⚠ 用火时要注意安全！关火之后不要马上揭开锅盖。

1 向平底锅中倒入 1 大勺油，再加入玉米。

2 盖上锅盖。

3 开中火加热，边加热边摇晃平底锅。

4 当玉米爆裂、弹跳的声音停止后，关火。将平底锅放置 1 分钟后再打开锅盖。

解说 爆米花为什么会爆裂?

制作爆米花所用的玉米是专用玉米,品种叫作爆裂玉米。而平时我们煮着吃的嫩玉米,是不能用来做爆米花的。

每一粒玉米的表皮都是由一种叫作纤维素的膳食纤维构成的。大家可能体会过,如果玉米吃多了的话会肚子痛。这就是人体无法消化纤维素造成的。

嫩玉米粒的皮比较薄,而爆裂玉米粒的皮比较厚。玉米粒内部是淀粉和水分,加热之后,内部的水分就变成了水蒸气,体积会增加1700倍。玉米粒内部体积膨胀到如此程度,就会瞬间冲破皮的包裹,而发生爆裂。嫩玉米因为皮比较薄,无法把水蒸气完全包裹在其内部,在膨胀爆裂之前,皮就已经破裂了,所以不会发生爆裂。

爆裂玉米的构造(示意图)

因为外皮厚而坚硬,当加热时内部水蒸气膨胀,导致内部压力骤增,所以会瞬间爆裂。

厚而坚硬的皮
水蒸气
含有淀粉的胚芽等结构

爆裂玉米和爆米花

制作印度奶酪

⏰ **2小时**

因为宗教信仰等，世界上有一些人是不吃肉的。比如在印度，据说有四成国民是素食主义者。但是，我们人类属于哺乳动物，哺乳动物不摄入蛋白质的话，是没法生存下去的。那么，素食主义者通过什么方式摄取蛋白质呢？

彻底的素食主义者完全不吃动物性食物，但他们会吃很多豆类，因为豆类富含蛋白质。也有一些素食主义者认为"不用让动物流血就可以获得的乳制品"是可以吃的，对于这样的素食主义者来说，乳制品是重要的蛋白质来源，比如奶酪。

在印度、巴基斯坦、伊朗等国家，很受国民喜欢的奶酪品种之一名叫 Paneer，在这里我们称它为印度奶酪。这种奶酪风味独特，和咖喱搭配起来也很好吃，今天我们就尝试自己制作印度奶酪。

古时候的奶酪

古时候的阿拉伯商人在商旅途中，把牛奶、羊奶当作重要的食物。他们使用小山羊的胃作为装奶的袋子。可是他们发现，装在小山羊胃里的奶，居然凝固了。据说这就是奶酪的起源。

装在小山羊胃里的奶之所以会凝固，是因为胃里的消化液含有粗制凝乳酶，而粗制凝乳酶中含有凝乳酶。

古时候，为了制作奶酪，需要从刚出生的小牛胃里获得粗制凝乳酶，但是现在不用伤害小牛了，科学家可以通过微生物和转基因技术制造凝乳酶。

制作印度奶酪

需要准备的物品

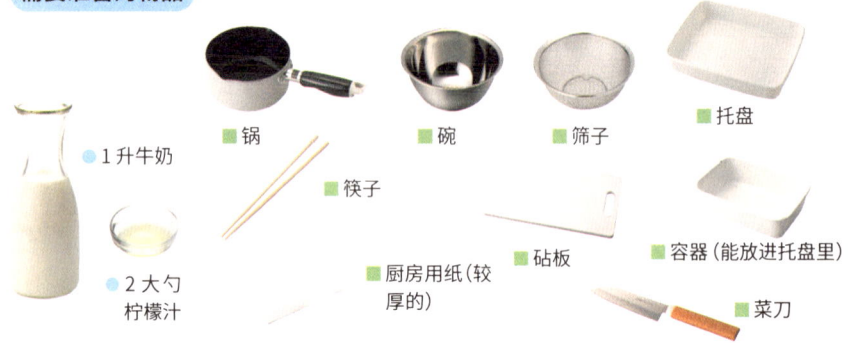

- 1升牛奶
- 2大勺柠檬汁
- ■锅
- ■碗
- ■筛子
- ■托盘
- ■筷子
- ■厨房用纸（较厚的）
- ■砧板
- ■容器（能放进托盘里）
- ■菜刀

顺序

⚠ 使用火和刀具的时候要注意安全，谨慎操作！

1 将牛奶倒入锅中，开小火加热，并不停地搅拌。

2 当牛奶加热至产生小气泡的时候，倒入柠檬汁，搅匀后关火（不要等牛奶沸腾）。静置3分钟左右。

3 将筛子放在碗里，并在筛子上铺一层厨房用纸。等锅中的牛奶变成疙疙瘩瘩的黏稠状态后，将牛奶倒在厨房用纸上。

4 用厨房用纸包裹住牛奶，将其放在托盘里。

第4章　料理也是一门科学

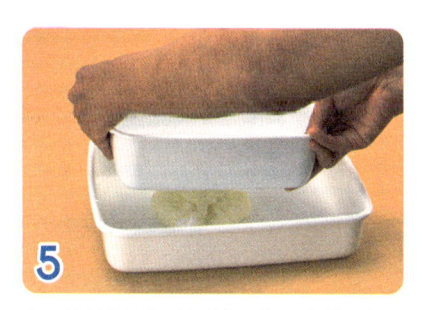

⑤ 在容器里装上水（当重物用），将其压在托盘中被厨房用纸包裹的牛奶上，然后整体放入冰箱中冷藏。

⑥ 冷藏1小时后，挤出纸包中的水分。印度奶酪就做好了。

解说　牛奶中的白色小疙瘩是什么？

向热牛奶中加入柠檬汁后，我们发现，牛奶会分离成白色的小疙瘩和淡黄色的液体。淡黄色的液体是乳清，其中大部分是水，但也含有丰富的蛋白质。这部分蛋白质是能溶于水的乳清蛋白。很多健身爱好者为了增加肌肉，会经常服用乳清蛋白，市场上大多数乳清蛋白产品都是从乳清中提取蛋白质制成的。

另外，牛奶中所含的全部蛋白质中，乳清蛋白大约占20%，其余80%是酪蛋白。酪蛋白不会溶解在牛奶中，而是以非常小的颗粒状分散于牛奶中。如果在牛奶中加入酸性的柠檬汁，小小的酪蛋白颗粒就会汇聚形成较大的颗粒，用肉眼就可以看见。在酪蛋白颗粒聚集的过程中，周围的脂肪也被卷了进来。我们在实验中看到的白色小疙瘩，就是酪蛋白聚集成的大颗粒和脂肪的集合体。将这些小疙瘩压实，挤出其中的水分，就做成了印度奶酪。

其实，在日本也有一种非常受素食主义者欢迎的蛋白质食物。它是用某种植物的种子制成的，人们用特殊的方法将种子中的蛋白质和脂肪加工成固体，做成很好吃的食物，你猜是什么？

答案是豆腐！将大豆磨碎，放在水中加热，再用一张布进行过滤，滤出来的液体就是豆乳。豆乳中含有大豆的蛋白质和脂肪。在豆乳中加入卤水，再将其加热，就固化成了豆腐。

都说油水不溶，是什么让它们可以友好相处？

20分钟

形容两个人脾气合不来，关系不好，可以说"那两个人就像油和水"。我们知道，醋的主要成分是水，做菜的时候常会将醋和油混合在一起做成调味汁。可是，醋和油放在一起，不管怎么搅拌，它们也不能互相融合，只能搅散。静置一段时间后，油和醋又自然地分成了两层。但是，在制作蛋黄酱的时候，也要加醋、加油，而这时醋和油就能融合在一起，而且不管过多长时间，也不会分离。

制作蛋黄酱的原料中，蛋黄是必不可少的。有的时候，我们制作蛋黄酱会失败，最常见的一个原因就是材料混合的顺序出了问题。那么，蛋黄酱中到底隐藏着什么秘密呢？

水与油

洗过碗的小朋友都知道，沾有油污的盘子，如果只用清水洗的话，是无法把油渍彻底洗掉的。这个时候我们要用到洗洁精。用了洗洁精，盘子上的油渍就可以轻松洗掉。

肥皂也可以洗掉油渍，肥皂是用油脂和氢氧化钠等强碱性物质通过化学反应制成的。肥皂是在古罗马时代被偶然发明的。当时，为了供奉神明需要燃烧羊脂，人们发现，羊脂和木炭灰混合在一起，可以洗掉油脂，于是便发明了肥皂。顺便说明一下，木炭灰是碱性的。

第4章 料理也是一门科学

制作蛋黄酱

需要准备的物品

- 1 个蛋黄（新鲜、干净的）
- 1/2 小勺食盐
- 1 大勺醋 
- 90 毫升油
- 1/2 小勺芥末 
- 碗
- 打蛋器

顺序

⚠️ 要食用的话，最好在做好之后马上吃。

1 把蛋黄倒入碗中，用打蛋器搅碎。

2 向碗中加入食盐、醋、芥末，充分搅拌，让各种材料融为一体。

3 向碗中少量多次加油，将 90 毫升油分 10 次倒入碗中。加油的同时充分进行搅拌。

解说 油和水可以和谐共处的原因

油和水是无法融合的两种液体，但我们在制作蛋黄酱的过程中发现，油和水（醋）完美地融合在了一起。很多物质能溶于水，却不能溶于油（水溶性）；或者能溶于油，却不能溶于水（脂溶性）。

但是，也有一些物质的分子中同时具有可以溶于水的部分（亲水基）和可以溶于油的部分（亲油基），这种物质被称为表面活性剂。所谓表面，是指某种均一的固体、液体、气体和其他均一的固体、液体、气体的接触面。油和水无法融合，但它们放在一起的时候，油和水之间会出现一个接触面，表面活性剂就会作用于这个接触面，让无法相融的两种物质融合在一起。

蛋黄中含有卵磷脂，就是同时拥有亲水基和亲油基的表面活性剂。表面活性剂进入水中后，就会变成一个球体，能溶于水的部分在外侧，能溶于油的部分在内侧。反之，表面活性剂进入油中时，同样会变成一个球体，这时能溶于油的部分在外侧，能溶于水的部分在内侧。

在制作蛋黄酱的过程中，混合各种材料的顺序非常重要。首先，应该先将蛋黄和醋混合，让其中的卵磷脂与水分融合。然后再加油，油就会被卵磷脂包裹起来。而卵磷脂变成了球状，能溶于水的部分在球体外侧。这样一来，被卵磷脂包裹的油就可以分散到水中了。

蛋黄酱中含有很多油脂。如果让你直接喝一大勺油，恐怕你会很难接受。但如果让你吃一大勺蛋黄酱，相信你不会排斥。因为蛋黄酱中的油是融合在水中的。

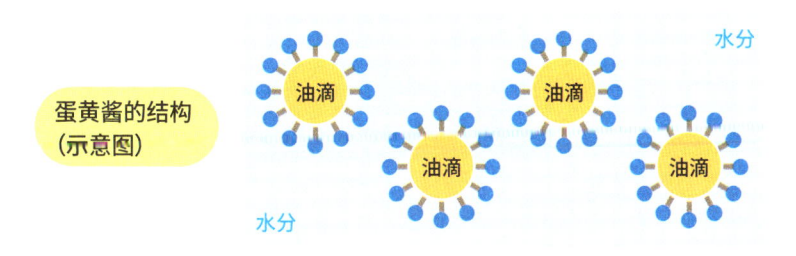

希望小朋友记录的项目示例

在做实验的过程中，希望小朋友们能做一些记录，以供日后参考。

做记录的好处是，可以记录实验失败的原因和成功的经验，以便下次做实验的时候取长补短。另外，通过记录，还可以把经验分享给别人。

- ☐ **实验的内容**

  例如，做〇〇，观察〇〇和口口的差异，等等。

- ☐ **日期、时间、时长**

  记录实验的具体日期、时间，还有每个步骤所需的时长。

- ☐ **实验的目的**

  为什么要做这个实验，把实验目的记录下来。

- ☐ **对实验结果的预想**

  在结果出来之前，把自己预想的结果记录下来。

- ☐ **实验的计划、方法**

  参考本书中介绍的"需要准备的物品"和"顺序"，把实验的细节尽量详细地记录下来。

- ☐ **实验结果**

  把真实的实验结果记录下来，尽量附上照片或手绘的图画。

- ☐ **自己的思考**

  为什么会出现这样的结果呢？把自己的思考记录下来。

- ☐ **参考的书籍或网站**

  在准备实验或实验结束后进行反思的时候，遇到不懂的问题需要查阅书籍或网站，把参考的书籍或网站记录下来。

OUCHI DE TANOSHIMU KAGAKU JIKKEN ZUKAN by Yoshimi Ojima
Copyright © Yoshimi Ojima, 2021
Photo: Hiroshi Kono and other
Design: Yuko Nagase (GOBO DESIGN OFFICE)
All rights reserved.
Original Japanese edition published in 2021 by SB Creative Corp.

This Simplified Chinese edition is published by arrangement with SB Creative Corp.,
Tokyo in care of Tuttle-Mori Agency, Inc., Tokyo through Pace Agency Ltd., Jiangsu Province.

©中南博集天卷文化传媒有限公司。本书版权受法律保护。未经权利人许可，任何人不得以任何方式使用本书包括正文、插图、封面、版式等任何部分内容，违者将受到法律制裁。

著作权合同登记号：字 18-2024-002

图书在版编目（CIP）数据

科学原来可以这样学：全二册 /（日）尾岛好美著；
郭勇译 . -- 长沙：湖南科学技术出版社，2024.10
ISBN 978-7-5710-2938-8

Ⅰ．①科⋯ Ⅱ．①尾⋯ ②郭⋯ Ⅲ．①科学知识—青少年读物 Ⅳ．① Z228.2

中国国家版本馆 CIP 数据核字（2024）第 108958 号

上架建议：科普・青少读物

KEXUE YUANLAI KEYI ZHEYANG XUE：XIACE
科学原来可以这样学：下册

著　　者：	[日]尾岛好美
译　　者：	郭　勇
出 版 人：	潘晓山
责任编辑：	刘　竟
监　　制：	邢越超
策划编辑：	李彩萍
特约编辑：	王玉晴
版权支持：	金　哲
营销支持：	周　茜
封面设计：	梁秋晨
版式设计：	潘雪琴　马睿君
内文排版：	潘雪琴　马睿君
出　　版：	湖南科学技术出版社
	（湖南省长沙市芙蓉中路 416 号　邮编：410008）
网　　址：	www.hnstp.com
印　　刷：	河北尚唐印刷包装有限公司
经　　销：	新华书店
开　　本：	875 mm × 1230 mm 1/32
字　　数：	139 千字
印　　张：	5
版　　次：	2024 年 10 月第 1 版
印　　次：	2024 年 10 月第 1 次印刷
书　　号：	ISBN 978-7-5710-2938-8
定　　价：	68.00 元（全二册）

若有质量问题，请致电质量监督电话：010-59096394
团购电话：010-59320018